本书获得"国家教育行政学院学术文库出版基金"资助

A LIBRARY OF
DOCTORAL
DISSERTATIONS
IN SOCIAL SCIENCES IN CHINA

中国
社会科学
博士论文
文库

教育扩张对
代际流动的影响研究

Research on the Influence of Educational Expansion on
Intergenerational Mobility

杨中超　　著

导师　岳昌君

中国社会科学出版社

图书在版编目（CIP）数据

教育扩张对代际流动的影响研究/杨中超著.—北京：中国社会科学
出版社，2017.6
（中国社会科学博士论文文库）
ISBN 978 - 7 - 5203 - 0104 - 6

Ⅰ.①教…　Ⅱ.①杨…　Ⅲ.①高等教育—研究—中国
Ⅳ.①G649.2

中国版本图书馆 CIP 数据核字（2017）第 067628 号

出 版 人	赵剑英	
责任编辑	王　衡	
责任校对	朱妍洁	
责任印制	王　超	

出　　　版	中国社会科学出版社	
社　　　址	北京鼓楼西大街甲 158 号	
邮　　　编	100720	
网　　　址	http://www.csspw.cn	
发 行 部	010 - 84083685	
门 市 部	010 - 84029450	
经　　　销	新华书店及其他书店	

印　　　刷	北京君升印刷有限公司	
装　　　订	廊坊市广阳区广增装订厂	
版　　　次	2017 年 6 月第 1 版	
印　　　次	2017 年 6 月第 1 次印刷	

开　　　本	710 × 1000　1/16	
印　　　张	13	
字　　　数	213 千字	
定　　　价	56.00 元	

总　序

在胡绳同志倡导和主持下，中国社会科学院组成编委会，从全国每年毕业并通过答辩的社会科学博士论文中遴选优秀者纳入《中国社会科学博士论文文库》，由中国社会科学出版社正式出版，这项工作已持续了12年。这12年所出版的论文，代表了这一时期中国社会科学各学科博士学位论文水平，较好地实现了本文库编辑出版的初衷。

编辑出版博士文库，既是培养社会科学各学科学术带头人的有效举措，又是一种重要的文化积累，很有意义。在到中国社会科学院之前，我就曾饶有兴趣地看过文库中的部分论文，到社科院以后，也一直关注和支持文库的出版。新旧世纪之交，原编委会主任胡绳同志仙逝，社科院希望我主持文库编委会的工作，我同意了。社会科学博士都是青年社会科学研究人员，青年是国家的未来，青年社科学者是我们社会科学的未来，我们有责任支持他们更快地成长。

每一个时代总有属于它们自己的问题，"问题就是时代的声音"（马克思语）。坚持理论联系实际，注意研究带全局性的战略问题，是我们党的优良传统。我希望包括博士在内的青年社会科学工作者继承和发扬这一优良传统，密切关注、深入研究21世纪初中国面临的重大时代问题。离开了时代性，脱离了社会潮流，社会科学研究的价值就要受到影响。我是鼓励青年人成名成家的，这是党的需要，国家的需要，人民的需要。但问题在于，什么是名呢？名，就是他的价值得到了社会的承认。如果没有得到社会、人民的承认，他的价值又表现在哪里呢？所以说，价值就在于对社会重大问题的回答和解决。一旦回答了时代性的重大问题，就必然会对社会产生巨大而深刻的影响，你也因此而实现了你的价值。在这方面年轻的博士有很大的优势：精力旺盛，思想敏捷，勤于学习，勇于创新。但青年学者要多向老一辈学者学习，博士尤其要很好地向导师学习，在导师的指导下，发挥自己的优势，研究重大问题，就有可能出好的成果，实现自己的价值。过去 12 年入选文库的论文，也说明了这一点。

　　什么是当前时代的重大问题呢？纵观当今世界，无外乎两种社会制度，一种是资本主义制度，一种是社会主义制度。所有的世界观问题、政治问题、理论问题都离不开对这两大制度的基本看法。对于社会主义，马克思主义者和资本主义世界的学者都有很多的研究和论述；对于资本主义，马克思主义者和资本主义世界的学者也有过很多研究和论述。面对这些众说纷纭的思潮和学说，我们应该如何认识？从基本倾向看，资本主义国家的学者、政治家论证的是资本主义的合理性和长期存在的"必然性"；中国的马克思主义者，中国的社会科学工作者，当然要向世界、向社会讲清楚，中国坚持走自己的路一定能实现现代化，中华民族一定能通过社会主义来实现全面的振兴。中国的问题只能由中国人用自己的理论来解决，让外国人来解决中国的问题，是行不通的。也许有的同志会说，马克思主义也是外来的。但是，要知道，马克思主义只是在中国化了以后才解决中国的问题的。如果没有马克思主义的普遍原理与中国革命和建设的实际相结合而形成的毛泽东思想、邓小平理论，马克思主义同样不能解决中国的问题。教条主义是不行的，东教条不行，西教条也不行，什么教条都不行。把学问、理论当教条，本身就是反科学的。

　　在 21 世纪，人类所面对的最重大的问题仍然是两大制度问题：这两大制度的前途、命运如何？资本主义会如何变化？社会主义怎么发展？中国特色的社会主义怎么发展？中国学者无论是研究资本主义，还是研究社会主义，最终总是要落脚到解决中国的现实与未来问题。我看中国的未来就是如何保持长期的稳定和发展。只要能长期稳定，就能长期发展；只要能长期发展，中国的社会主义现代化就能实现。

　　什么是 21 世纪的重大理论问题？我看还是马克思主义的发展问

题。我们的理论是为中国的发展服务的，绝不是相反。解决中国问题的关键，取决于我们能否更好地坚持和发展马克思主义，特别是发展马克思主义。不能发展马克思主义也就不能坚持马克思主义。一切不发展的、僵化的东西都是坚持不住的，也不可能坚持住。坚持马克思主义，就是要随着实践，随着社会、经济各方面的发展，不断地发展马克思主义。马克思主义没有穷尽真理，也没有包揽一切答案。它所提供给我们的，更多的是认识世界、改造世界的世界观、方法论、价值观，是立场，是方法。我们必须学会运用科学的世界观来认识社会的发展，在实践中不断地丰富和发展马克思主义，只有发展马克思主义才能真正坚持马克思主义。我们年轻的社会科学博士们要以坚持和发展马克思主义为己任，在这方面多出精品力作。我们将优先出版这种成果。

2001 年 8 月 8 日于北戴河

摘　　要

　　教育是实现社会地位提升，促进代际流动的重要途径。随着高等教育扩张，更多的人获得接受高等教育的机会，他们期望借此实现社会经济地位的改善。教育扩张至今将近 20 年，究竟教育扩张是否促进了代际流动，以及影响机制如何，是本书尝试回答的主要问题。对于这一问题的研究，既有助于我们更好地理解教育扩张等国家宏观政策对代际流动的影响机制，弥补中国实证经验的不足，进而丰富代际流动理论，又可为制定改善代际流动、避免社会阶层固化的政策提供参考依据。

　　与以往研究不同，本书首先结合经济学中的信号筛选理论与社会学中的现代化理论等，从理论角度阐释了教育扩张影响代际流动的过程。其次，基于中国综合社会调查 2005 年、2006 年和 2008 年数据以及全国高校毕业生抽样调查 2003 年、2005 年、2007 年、2009 年、2011 年和 2013 年数据，以改革开放之后开始参加工作的群体为主要研究对象，从同期群视角出发，使用对数可积层面效应模型、路径分析、逻辑斯蒂回归和两水平模型等方法对这一影响进行了实证检验。

　　本书的主要结论概括如下：第一，没有充足证据表明教育扩张促进了代际流动。虽然经济发展和职业结构变化造就了大量的新职业岗位，增加了中上层社会位置的数量，使社会下层获得了较多向上流动的机会，但是教育扩张没有促进代际相对流动，与社会上层相比，社会下层实现地位提升的相对机会没有改善，阶层不平等依然持续。第二，教育扩张没有显著改善业已存在的教育机会不均等，使得其无法带来更多的代际流动。教育在扩张前后始终是决定个人社会经济地位高低的最重要因素。尽管如此，由于教育扩张没有降低高等教育机会获得的阶层差异，从而无法减弱家庭背景以教育为中介对子女初职社会经济地位的间接影响，所以也就无法促进代际流动。第三，教育扩张的结构化效应不显著，即与高中群体相比，没有足够证据支持家庭背景对初职社会经济地位的影响在高等教育群体，甚至研究生群体中发生明显弱化，这也导致了教育扩张无法带来更多的代际流动。因为高等教育文凭获得者所面临的劳动力市场依旧不是完全遵循绩效原则的，所以即便教育扩张提高了高等教育文凭获得者占社会总人口的相对比例，也无法带来社会整体代际流动的改善。这一发现并没有支持现代化理论的观点。第四，高等教育具有社会地位循环和地位再生产的双重功能，但是中国的高等教育扩张降低了高等教育的相对社会经济地位回报，使得这种地位循环功能有所减弱。第五，在教育扩张之后，为了维持阶层优势或实现向上流动，不同社会阶层采取了不同的教育策略。弱势阶层出身的子女可以通过追求社会经济地位回报更高的研究生学历，或者选择可以帮助他们在求职时摆脱家庭背景束缚的理学或工学专业来实现向上流动。相比较而言，优势阶层出身子女的教育策略选择则更加多元化。

在实证分析的基础上，我们认为，教育扩张促进代际流动的实现，一方面需要在做大教育资源这一"蛋糕"、持续增加高等教育机会的同时，更加强调"蛋糕"的分配，努力促进教育公平，降低因家庭背景而导致的教育机会不均等。另一方面，需要不断强化绩效原则，完善劳动力市场，建立良好的社会选择机制，不断弱化家庭背景在社会地位获得中的作用，努力促进就业机会均等。

关键词：高等教育扩张；代际流动；高等教育；社会经济地位；教育水平；专业领域

Abstract

Education is an important path for upward intergenerational mobility. Higher education expansion in China has brought an ever increasing number of people to colleges and universities with a hope to improve their socio-economic status. This book focuses on the impact of educational expansion on intergenerational mobility. It is helpful to understand that how the macro national policy affect intergenerational mobility so as to enrich intergenerational mobility researches, and is conducive to make the policy to improve intergenerational mobility in China.

This book firstly analyzes the process of the influence of educational expansion on intergenerational mobility by the signaling and screening theory in economics and the modernization theory in sociology. Then, based on the Chinese General Social Survey (CGSS) of 2005, 2006 and 2008, and the National Higher Education Graduates Survey of 2003, 2005, 2007, 2009, 2011 and 2013, it examines the above theory empirically from the cohort perspective among the people who entered the job market during the post-economic reform period. The empirical methods include the Log-multiplicative Layer effect model, path analysis, logistic regression and two-level model.

The main conclusions are as follows. First, no substantial evidences are found in this study to indicate a correlation between educational expansion and intergenerational mobility. Although the development of economic and the changes in occupational structure created many new jobs, and increased the quantity of middle and upper social positions, which making the underclass gain more opportunities for upward mobility. However, educational expansion does not promote intergenerational relative mobility. Compared with the upper class, relative opportunity of the underclass to improve status does not become better, so class inequality continues. Second, the one reason is that the equality effect of educational expansion does not exist. Although education remains a key factor determining individuals' socio-economic status, the educational expansion in China has not equalized the existing inequality of educational opportunity, nor has it changed the disparity in family background. Third, another reason is structural effect of educational expansion does not exist. Compared with high school graduates, family socio-economic status continues to be a significant determinant for college graduates in the Chinese job market, even for postgraduates. Therefore, the expansion has increased the percentage of college graduates in the total population but it still does not alter the intergenerational mobility structure in society. This conclusion refutes the modernization theory. Fourth, the educational has the dual function of status circulation and status reproduction. The increase of college graduates has diminished the socio-economic return of a college degree and thus has an adverse effect on status circulation. Finally, in order to maintain class advantage or achieve upward mobility, there are different strategies among social class after educational expansion. The underclass children can pursue postgraduate qualification which is helpful in getting higher socio-economic status return, or study the majors such as science or technology which can weaken the dependence on family background for job-hunting. In comparison, the children of the advantaged class have much more choices.

In order to promote intergenerational mobility by educational expansion, we should give more emphasis on the distribution of the education "cake" while making the "cake" bigger. It means that we must make much effort to reduce the educational opportunity inequality caused by family background. Meanwhile, an effort to strengthen the meritocracy principle in the labor market and equal employment opportunity is equally important.

Keywords: Educational expansion; Intergenerational mobility; Higher education; Socio-economic status; Educational level; Field of study

目　　录

Contents

第一章

绪　　论

第一节　研究背景

　　一个进步的社会，应该具有开放性的社会分层结构和有序的社会流动。在这样的社会中，社会成员的向上流动主要取决于教育等自致性因素，而非家庭背景等先赋性因素。

　　在计划经济体制下，个人命运在很大程度上受到国家体制和制度发展的影响，最明显的莫过于"文化大革命"期间，阶层出身决定个人发展。改革开放后，随着社会主义市场经济的建立和国家就业制度的转变，以身份为主导的社会分层结构开始向以市场为主导的社会分层结构过渡，代际流动机制趋向合理，教育的重要性开始凸显。20世纪六七十年代出生的人通过接受大专教育基本就可以摆脱家庭背景的影响，凭借自身努力找到一份好工作，从而实现代际流动（陆学艺，2004）。但是这一现象基本发生在高等教育扩张之前，当时的高等教育规模很小，尚处于精英主义阶段。

　　1999年，中国开始了世界上最大规模的高等教育扩张。如图1.1所示，中国高等教育的毛入学率在1993年时仅有5.0%，1998年增加到9.8%，到2013年时则急剧增加至34.5%，标志着中国高等教育从精英教育阶段一跃迈入大众化教育阶段。同时，高等教育扩张不只是在本、专科阶段，研究生规模也在不断扩张。1998年的研究生招生数为5.8万，而到2013年则扩大为60.8万。整体来看，中国高等教育扩张普遍提高了人们的教育水平，高等教育劳动力就业人口（16岁及以上）比例从教育扩张前1990年的2.0%到教育扩张后的2012年急剧增加至13.7%（见附图1）。教育扩张为社会大众提供了更多接受高等教育的机会，在教育改变命运的理念驱动下，人们满怀热情地进入高等教育系统，期待借此改善自身的社会经济地位。那么，教育扩张是否带来了更多的代际流动？关于这一点，我们所观察到的社会现象似乎和既有理论存在矛盾之处。

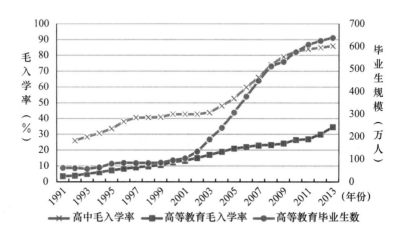

图 1.1　中国高中、高等教育的毛入学率以及高等教育毕业生规模的变化趋势（1991—2013）

数据来源：高中、高等教育毛入学率数据来自《中国教育统计年鉴（2014）》；高等教育毕业生数据来自《中国统计年鉴（2014）》和《中国统计年鉴（2001）》。

诚然教育扩张增加了高等教育人口的数量，普遍提高了人们的教育水平，并改变了中国居民的教育结构，但是社会上出现的诸多现象却使人们很难相信教育扩张增加了代际流动。从个人层面来看，许多接受高等教育的大学生不但没能实现社会地位的提升，反而沦为城市"蚁族"或"漂族"，尤其是对于那些弱势阶层出身的大学生而言，其家庭甚至因此背负沉重的经济负担，出现教育致贫现象。近年来，社会上出现的高中生"弃考"事件，也在一定程度上折射出社会大众对教育，尤其是高等教育能否改变命运开始产生怀疑。从社会层面来看，频频见诸各类媒体的"×二代"现象反映出社会地位的代际继承性在增强，人们对代际流动困难的不满日益加剧。另外，社会的收入差距扩大，阶层分化加剧。中国的基尼系数从 1988 年的 0.452（赵人伟和李实，1997），增加到 2007 年的

0.48①，一直在 0.4 的国际警戒线之上。这种现象的长久发展必然导致社会出现更多的地位复制现象，甚至阶层固化（孙立平，2003；李路路，2006；周长城和张敏敏，2014）。

尽管如此，社会学中现代化理论（Modernization theory）却给出了截然不同的预测。该理论认为随着经济发展、技术进步、工业化进程和教育扩张，教育等后致性因素将越来越成为个人社会经济地位的决定性因素，而家庭出身等先赋性因素的作用会逐渐消亡（Hout，1988）。因此，在一个工业化和现代化的社会，教育将成为实现地位提升和促进代际流动的重要途径，而教育扩张会带来更多的代际流动。中国自 1978 年改革开放至今，处于一个不断工业化和现代化的进程中（见附图 2）。我们以第三产业从业人员的比重和城市化率来作为评判工业化和现代化进程的替代指标。中国第三产业从业人员的比重在 1978 年为 12.2%，到 1995 年时已经超过第二产业从业人员比重，而到 2013 年已经增加到 38.5%。再看城市化率，1978 年中国城镇人口占总人口的比重为 23.7%，而到 2013 年时已经翻了一番，接近 50%。按照现代化理论的逻辑，中国的高等教育扩张会带来更多的代际流动。

概括地讲，教育扩张使越来越多的人获得大学文凭，整体提高了人们的教育水平，在越来越强调"能力本位"的现代社会，理应会带来更多的代际流动，但是社会现象告诉我们，代际流动在教育扩张之后似乎表现出式微的趋势。本书正是在这一背景下展开的。

第二节　问题提出

在现代社会，教育比任何机构更有希望推动社会进步，促进代际流动。中国教育扩张普遍提高人们的教育水平，不论是在绝对数量，还是在相对比例上。按照现代化理论的逻辑，在更加注重绩效原则的现代社会，教育扩张会弱化代际效应，增加代际流动。但是，正如前文所提到的那样，中国现实社会中所出现的诸多代际流动困难的社会现象表明，在教育扩张后，个人在劳动力市场上的成功似乎并非完全取决于自身的教育水平，甚至通过高等教育实现向上流动的不确定性和风险性都在增加，家庭

---

① 数据来源：http://finance.ifeng.com/news/macro/20120105/5400552.shtml（2015 年 1月 22 日）。

背景等先赋性特征可能仍然在地位获得中扮演着重要角色。基于此，本书研究的问题是教育扩张是否促进了代际流动。

在回答这一研究问题之前，首先要弄清楚与教育扩张前相比，教育扩张后中国居民的代际流动是否真的在式微；其次，探讨教育扩张对代际流动的影响是如何发生的，最后，在人力资本含量最高的高等教育上，关注高等教育对代际流动的影响。概括地讲，本书可以分解为三个部分：第一，与教育扩张前相比，扩张后代际流动呈现出怎样的变化趋势？第二，教育扩张对代际流动的影响机制如何？第三，教育扩张后，高等教育内部的不同学历层次在跨越代际效应上的差异情况，比如追求更高的研究生学历有助于跨越代际效应吗？

需要说明的是，本书的研究对象主要为改革开放之后开始参加工作的群体（以 18 岁参加工作来算）。因为改革开放前后的社会流动模式存在明显不同（李春玲，2008），改革开放之前影响代际流动的情况相对更加复杂，尤其是国家政策和意识形态等政治因素在一定程度上决定着代际流动的大小和规模，而改革开放之后，随着工业化和市场化的发展，中国的代际流动模式更加符合现代化理论的内涵。因此，在研究教育扩张对代际流动的影响时，教育扩张前的时间范围主要是指改革开放之后至 1999 年，扩张后的时间范围是从教育扩张开始的 1999 年至样本调查时间点 2008 年。

第三节　研究意义

一　理论意义

理论意义主要集中在三个方面。首先，有助于与西方实证经验作对比，检验、丰富和完善社会分层与社会流动的相关理论。在代际流动研究中，影响比较深远的 "FJH 假设"（Featherman 等，1975）认为，在具有市场经济和核心家庭制度的国家里，不同国家间尽管绝对流动率有所不同，但代际关联度是相同的。后来的 Erikson 和 Goldthorpe（1987a，1987b）把这一观点修订为，尽管不同国家在关联强度上存在差异，换句话说，社会开放性程度不同，但他们的流动模式却呈现出很强的相似性。尽管如此，对于发展中国家的研究仍然比较缺乏。中国作为世界上最大的发展中国家，对中国的代际流动进行研究无疑有助于与西方发达国家的实证经验作对比，从而更好地检验、丰富和完善社会分层与社会流动的相关理论。

其次，通过研究教育扩张对代际流动影响的内在机制，可以更好地理解教育，尤其是高等教育在社会分层与社会流动中的作用。教育被视为实现代际流动最重要的工具。在教育扩张背景下，教育等自致性因素和家庭背景等先赋性因素对地位获得作用大小及其变化趋势值得关注。

最后，教育扩张作为一项国家政策，关注教育扩张对代际流动的影响，有助于我们更好地理解国家宏观政策或制度对个人代际流动的形塑作用。在20世纪，全球范围内的众多国家都经历了教育系统大扩张，尤其是在高等教育领域。但实际上，对这一重大教育改革对代际流动的影响，我们知之甚少。时下社会流动与社会分层的研究越来越强调除了个人先赋性因素和自致性因素之外的社会环境、经济结构和国家制度的作用，对教育扩张与代际流动的研究无疑有助于我们更好地理解国家环境与代际流动、制度变迁与个人生活机遇之间的关系，进一步丰富社会分层与社会流动的相关理论。

二 现实意义

代际流动情况是反映一个社会开放程度的重要指标之一。近年来，虽然中国不断推进的市场化、城市化与工业化为不同社会阶层的生存和发展创造了诸多机遇，但是，社会上频繁出现的"×二代""蚁族"和"高中生弃考"等现象，暗示着社会阶层尤其是优势社会阶层的封闭性在增加，社会流动模式正日益凸显家庭背景的重要性，淡化教育的作用。虽然从某种意义上来说，人们不能完全排除为下一代人积累财富和地位也是推动社会发展的动力之一。但是在一个社会中，继承与流动需要保持大体的均衡。一种相对畅通的社会流动渠道以及较多的流动机会，对于社会发展与进步至关重要。代际流动困难，阶层固化对于社会成员和整个社会都会造成莫大的伤害（周长城、张敏敏，2014）。因为它使得弱势阶层产生不公平感与被剥夺感，滋生反社会情绪，威胁社会稳定；阻碍社会有序运行，降低社会运行效率等。在这种背景下，本书的现实意义至少表现在以下两个方面。

一方面，有助于我们了解中国代际流动的现状及变化趋势。了解现状是探讨原因和解决问题的前提。当前对代际流动的讨论过多集中在思辨层面，缺乏对现状的实证研究可能会使我们夸大或忽略代际流动的困难程度，引起不必要的非议与误导性言论。

另一方面，研究教育扩张对代际流动的影响，可以为今后的社会改革与政策制定提供参考。现实社会中，绝大部分社会矛盾源于对机会均等的诉求，包括教育机会均等和社会经济地位获得的机会均等。教育机会不均等会对社会经济地位不均等产生直接影响，反过来，社会经济地位的差异通过代际流动，对子代的教育机会产生直接或间接影响，导致教育机会的不均等。这两种不平等恰恰正是教育扩张影响代际流动的路径之所在。对于这一过程的探讨，有助于我们认识到在社会不平等再生产的过程中，教育改革何以有所作为。

其实，人们对于社会最大不满莫过于阶层固化，从而丧失向上流动的希望。教育被视为社会成员实现向上流动的最重要途径。在中国经历了世界上规模最大的高等教育扩张的背景下，探讨教育扩张与代际流动的关系，有助于我们弄清社会不平等产生的原因，进而为制定旨在缩小社会不平等、促进代际流动的政策提供参考。

第四节　本书框架

本书的主题是教育扩张对代际流动的影响。围绕这一主题，主要章节和内容安排如下。

第一章是绪论，主要介绍研究背景、问题提出、研究意义和本书的结构框架。

第二章是文献综述，主要内容是代际流动的研究历程、地位获得的影响因素、教育扩张与代际流动的相关研究以及代际流动变化趋势的研究方法。

第三章是理论框架与研究设计，包括核心概念界定、理论分析与研究假设以及本书的数据来源与变量选择。基于本章的理论假设，在接下来实证分析的第四章至第六章的开头，我们均提出具体的操作性假设。

第四章至第六章是本书的实证分析与结果解释部分，也是本书的重点（见图1.2）。第四章是教育扩张前后代际流动的变化趋势，主要从同期群的角度考察了教育扩张是否增加了代际绝对流动和代际相对流动。内容主要包括样本描述、研究模型、代际绝对流动的变化趋势和代际相对流动的变化趋势四个部分。

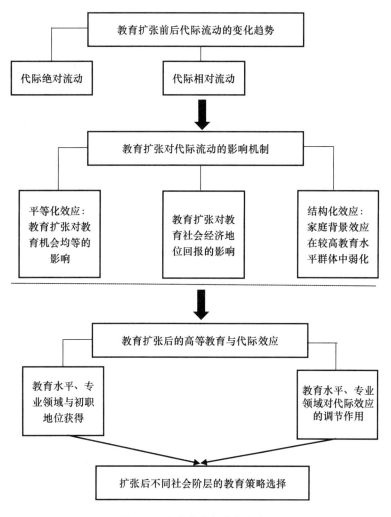

图 1.2　本书的实证分析框架

第五章是教育扩张影响代际流动的机制。本章重点回答了本书的核心问题，即教育扩张是如何影响代际流动的。内容包括五个部分：研究模型、教育扩张对教育回报的影响、教育扩张的平等化效应、教育扩张的结构化效应以及稳健性检验。

第六章是扩张后的高等教育与代际效应，主要回答在教育扩张后，高等教育内部不同学历层次在跨越代际效应方面的差异以及不同社会阶层的流动策略选择。内容包括五个部分：样本描述、研究模型、高校毕业生地位获得的影响因素、学历层次和专业领域对代际效应的调节作用以及不同阶层的流动策略选择。

　　第七章是本书的研究结论与启示。主要包括三个方面的内容，分别是主要结论与讨论、政策启示以及研究创新与局限性介绍。

第二章

文献综述

代际流动是指子代与父代相比社会经济地位的变动情况。代际流动的核心是地位获得，即子代的社会经济地位是如何获得的。在影响地位获得的众多因素中，教育和家庭背景被视为最重要的两个因素。在很大程度上，教育扩张对代际流动的影响主要是由于教育扩张改变了这两者在地位获得中的作用。

本章主要内容包括五个部分：第一节简要介绍代际流动研究的发展历程；第二节总结了地位获得的过程与影响因素；第三节综述了国内外关于教育扩张与代际流动研究的相关文献；第四节是代际流动研究的同期群分析方法介绍；最后是本章小结。

第一节 代际流动的研究历程

社会流动有广义和狭义之分，一般而言，狭义的社会流动就是指代际流动，这也是国外社会学研究中的通常所指。社会流动研究始于20世纪50年代，依据研究方法的演进，大致可划分为四个阶段（Treiman 和 Ganzeboom，2000；Dessens 等，2003）。当然，这一标准在各个阶段划分时并非被严格遵守。

第一代社会流动研究者致力于构建一个有效的、详细的且连续性的职业声望量表作为衡量职业地位的标尺。尽管如此，这一阶段更多的研究还是将职业地位作为非连续性变量来对待。在方法上，主要是通过列联表来分析社会流动率。研究问题围绕三个方面展开，并在不同程度上对这些问题做了回答，即代际流动模式在不同国家是否一致、社会流动率在工业化社会是否比在非工业化社会更高，以及政治结构在多大程度上影响代际流动。一个关键性的结论是"LZ 假设"，即非农职业流动率是不变的，不同工业化社会的社会流动率和流动模式在本质上是相似的（Lipset 和 Bendix，1959）。这一时期的局限性在于，尽管很多研究者意识到教育和家庭背景在代际优势传递过程中可能会起重要作用，但是，受制于统计技术，学者们无法回答究竟它们在社会流动中起多大程度的作用。

第二代社会流动研究最重要的代表人物是美国社会学家 Blau 和 Duncan（1967）。他们的研究贡献集中体现为三点：第一，制定新的职业编码方法，从而有助于开展更加详细的社会流动比较研究；第二，提出社会经济地位指数（SEI）作为衡量职业地位的标尺；第三，也是最重要的一点，在地位获得研究中引入路径分析方法，使比较教育和家庭背景在地位获得中作用的大小成为可能（Ganzeboom 等，1991）。

这一阶段的研究问题进一步细化，一方面，由关注一个国家代际职业流动的程度如何转化为探讨这种流动是如何发生的、父亲职业与其他因素，尤其是教育因素相比多大程度上影响子女职业地位，以及这种影响多大程度受子女初期地位的调节。另一方面，虽然第二代研究赞成第一代研究关于工业化进程会提高自致性因素，降低先赋性因素在地位获得中作用的观点，但是第一代研究只是简单地认为这种转变意味着整体代际流动比率的提高，而第二代研究则提出了更多细节性的假设，比如随着工业化进程的推进，教育等自致性因素相比父母特征的影响将增加，而诸如家庭背景等先赋性因素的作用将减少。与此同时，第二代社会流动研究同样关注了地位获得与社会发展程度和政治结构之间的关系。这一阶段在方法上的重要进步体现在结构方程模型的应用上，它使得研究者能够同时估计多个变量间的相互作用。这一阶段研究的局限性在于，很多研究者普遍将社会经济地位视作一个连续变量。批评者认为将社会分层简单地做一个单一的、连续性的划分并不妥当，使用分类变量可能更好（Robinson 和 Kelley，1979）。但是，当时统计方法只能做到把自变量通过虚拟变量的形式加入模型中进行分析，如何处理非连续性因变量仍然是统计方法所面临的一大挑战。

第三代社会流动研究重新采用流动表来研究社会流动，区别是这次引入了对数线性模型（log-linear model）和对数乘积模型（log-multiplicative model）方法。这种统计方法的优势在于，它将社会流动模式分解成两部分，一部分是来自社会位置分布的自身变化，另一部分来自不同家庭出身的人在成功机会分布上的潜在差异，从而为分析绝对流动和相对流动提供了定量方法支持。

　　这一代的研究问题虽然又回到了第一代的问题上，但是却得出了不一样的结论。最著名的研究发现体现为"FJH 假设"和现代化理论。前者是指在具有市场经济和核心家庭制度的国家里，不同国家间尽管绝对流动率有所不同，但代际间的关系模式都是相似的；后者我们将在随后部分重点论述。"FJH 假设"是基于 Featherman 等（1975）对澳大利亚和美国的比较研究，他们发现，虽然由于两国的农业、制造业和服务业的结构比例不同，导致它们在绝对流动率上存在差异，但是当用对数线性模型控制了家庭出身和最终地位位置分布的国家间差异后，所得出的这两个国家代际地位间的关联度是相同的，也就是说它们有着相同的相对流动率。之后 Erikson 和 Goldthorpe（1992）基于一个著名的国际比较研究项目（Comparative Analysis of Social Mobility in Industrial Nations，CASMIN）的数据开展了大量验证性研究，并提出了社会流动的核心模型（core model）。他们和同期的 Xie（1992）在对原有观点修订的基础上将其正式表达为对数相乘模型（又称"Unidiff"模型），简单地说，尽管不同国家在关联强度上存在差异，换句话说，社会开放性程度上是不同的，但它们在流动模式上却呈现出很强的相似性。

　　历经三代，社会分层与社会流动研究变得更加严谨，既表现为获得高质量的调查数据、合理解决测量问题，又表现在先进统计方法的开发上。但是，这种发展是以不断窄化研究问题为代价的，最初研究者的普遍兴趣集中在社会地位以及地位间流动的决定因素和结果，现在已逐步窄化到关注父代和子女职业阶层之间的相关关系。

　　第四代社会流动研究在统计方法上的探索表现为多项逻辑斯蒂回归模型（multinomial logistic regression models）和事件史模型的应用。可以说，社会经济地位无论是采取连续变量还是分类变量，都能够在统计技术上得以实现。在研究形式和内容上，这一时期的研究多属于比较流动研究，关注跨时间、跨国家或两者皆有的比较研究，以及关注社会分层的结果怎样受到社会环境和制度安排的影响。具体内容包括三个方面：首先，一个社会的代际流动是否伴随社会、政治、经济状况的变迁而变化，处于不同社会经济制度和不同发展水平下的国家，其流动的范围、程度和模式是否存在差别。其次，如果不同国家间或一国内的不同历史时期的社会流动状况存在差异，那么这一变化是否有规律可循，演化的趋势又如何。最后，与上一个问题紧密关联，如果社会流动状况的变化是有规律可循的，那么影响社会流动变迁的原因是什么，其影响机制和作用又如何。

最近的第四代研究使我们意识到，不同国家、不同历史时期的流动模式具有一定的相似性，但因为在制度、历史和文化上的差异，流动模式也表现出各自不同的特征（Erikson 和 Goldthorpe，1992）。当然这些原因还包括家庭结构、社区、教育体系、劳动力市场和福利国家体制等，其中，教育体系和劳动力市场结构的不同是流动模式差异的主要原因。因此，只有通过具体的结构和制度分析才能把握其内在的形成机制，并解释其差异（Ganzeboom 等，1991），而这也使得对于中国的研究颇具理论意义。

第二节　地位获得的影响因素

代际流动的核心是地位获得。美国社会学家布劳—邓肯的地位获得模型（Blau 和 Duncan，1967）是关注代际流动机制的最著名的微观模型。他们的地位获得模型强调两个核心因素，即教育和家庭背景。随后，这两个因素成为后续众多地位获得研究不可忽略的最基本变量。后续研究者们对布劳—邓肯地位获得模型进行了改造与完善，既包括在个人层面加入社会心理因素以及社会资本或网络因素等，又包括在宏观层面加入社会环境中的结构与制度因素。

一　教育和家庭背景

美国社会学家布劳—邓肯的地位获得模型是试图打开代际流动"黑箱"的最著名尝试，在美国乃至世界的代际流动研究领域中占据学术主导地位。他们使用路径分析的方法，对 20 世纪五六十年代美国的职业流动进行了系统考察。模型中包括两类五个核心变量：一类是先赋性因素（ascriptive factor），包括父亲的职业地位和教育程度；另一类是自致性因素（achievement factor），包括本人的教育程度、初职社会经济地位指数和当前社会经济地位指数。研究主要结论是父亲的教育程度对儿子的初职以及现职地位并无直接影响，而是间接通过父亲的职业和儿子的教育来发生影响；父亲的职业地位对儿子的现职成就包含了直接影响和间接影响，间接影响是透过对儿子的教育和初职的影响来实现的；父亲的教育程度和职业地位，解释了儿子教育程度变异量的 26%；父亲的职业地位、儿子的教育程度以及初职解释了儿子的职业地位的变异量的 43%；对儿子的职业成就影响最大的是其教育程度，路径系数为 0.39，这也说明教育这一后致性因素比先赋性因素在决定职业地位获得中扮演更重要的角色。

这一开创性研究使人们意识到，教育既是代际向上流动的动因，又是地位再生产的手段。在此之前，人们普遍认为上述两个命题是相互对立并相互排斥的。教育要么是有助于向上流动，要么就是导致地位再生产。但在他们的路径分析模型中，可以清晰地看到，教育——由于它在职业地位获得上的重要性——导致了地位流动和再生产的双重后果（Hout 和 DiPrete，2006）。从另一方面来讲，从比较视野下来看代际流动，发达国家不一定保持相同的职业流动率，但是这些国家的职业流动无一例外地都会受到继承性逻辑的影响，换句话说，代际传递模式存在一致性，这也是著名的"FJH 假设"的基本观点。因此，家庭背景对子代的影响在任何工业化社会都是非常明显的，其影响程度几乎都是一致的（边燕杰和芦强，2014）。家庭背景对地位获得的影响是复杂的，除了直接影响外，还包括间接作用。文化资本为我们提供了理解家庭背景间接效应的思路。子女从家庭中获得的文化资本，可以使得他们更有机会获得高水平的教育。因为相比其他子女，这些拥有文化资本的子女更容易掌握学术知识、开发出学习抽象和智力概念的兴趣，也更容易招致老师们的喜爱。自此之后，教育和家庭背景一直被作为自致性因素和先赋性因素最重要的代表，成为代际流动研究中关注最多的两个变量。

无论是经济学视角下的收入，还是社会学视角下的职业地位或阶层地位等，许多研究（Hout，1988；Treiman 和 Yip，1989；De Graaf 和 Kalmjin，2001；Ganzeboom 和 Treiman，2007；Zella，2010；Bukodi 和 Golthorpe，2011；Mastekaasa，2011；Ballarino 等，2013）都证实教育和家庭背景对个人社会经济地位获得有重要影响。在实证研究中，教育通常使用被访者的受教育年限或者教育水平来测量，而家庭背景一般使用被访者父母的职业地位、教育水平、家庭收入和政治资源等来衡量。Erikson 和 Goldthorpe（2002）、Breen 和 Jonsson（2005）从社会学视角，以及 Piraino 和 Haveman（2006）和 Corak（2006）从经济学视角都进行了系统综述。国内的相关研究也有很多，其中，郭丛斌（2006）的博士论文对此有过系统的梳理。另外，李培林和田丰（2010）使用中国社会科学院社会学研究所在 2008 年进行的中国社会状况综合调查数据，分析了以教育年份、技术水平和工作经验为表征的人力资本因素对劳动力市场上人们的社会经济地位的影响，其中，社会经济地位是以收入水平和社会保障状况来界定的。结果发现，教育等人力资本因素是造成不同社会阶层的教育收益率存在很大差异的主要原因。张翼（2010）通过对2008年全国性社会调查数据的分析发现：以父母亲为表征的家庭背景不仅严重影响了人们的教育获得，而且还影响了人们初次就业职业的阶层地位和现就业职业的阶层地位。这预示着父母亲的受教育水平和阶层地位越高，子女的受教育水平和阶层地位也会越高；反之亦然。另外，岳昌君等（2004）、文东茅（2005）以及岳昌君和杨中超（2012）对高校毕业生群体的研究发现，家庭背景对子女的毕业去向和初职起薪等也存在显著性影响，他们所使用的家庭背景主要是指父母的职业地位、受教育程度和家庭收入。

最初社会分层与流动研究主要关注教育的垂直差异（vertical differentiation），比如教育水平的高低对地位获得的影响。后来，学者们意识到仅仅这样是不够的，教育的水平差异（horizontal differentiation）同样不容忽视，比如同一教育水平内存在普通教育与职业教育之分，也存在不同专业领域的差异，它们同样会影响个体的职业历程，尤其是在教育扩张背景下，专业选择对社会经济地位的影响可能变得更加重要。

专业领域的调节作用表现在两个方面。一方面，一些专业比其他专业更富经济回报或职业回报。比如，Erikson 和 Jonsson（1998）对瑞典的研究发现，控制教育水平和专业领域后，家庭背景对阶层获得的影响急剧降低。那些学习教育教学、社会科学和健康专业的个体进入公务阶级（service class）的机会相对更高，并且学习社会科学专业的个体也相对更容易获得高收入。Van de Werfhorst（2002）对20世纪90年代荷兰男性代际流动情况的研究表明，许多优势阶层最主要的目标在于维持其自身的阶层优势，且主要是通过教育策略来实现，而这一策略不仅仅是指教育水平，还包括专业选择。具体地说，工人阶层（manual working class）的子女倾向于选择技术类专业，以便他们至少能够到达其父母所在阶层，抑或更高阶层；自雇或一些雇主阶层的子女为了接管其家族生意而选择学习金融和商业技能；农民的孩子则从能使其在农场顺利开展工作的农业类专业或培训中获益；公务阶级（service class）的子女接受中等教育时更愿意选择普通教育而非职业教育，在接受高等教育时更倾向于选择法律和医学类等声望较高的专业。另外，该研究还发现加入专业领域的模型确实降低了家庭背景对阶层获得的直接影响，从而肯定了专业选择对于地位获得的作用。Goyette 和 Mullen（2006）发现来自社会上层的学生更倾向于选择艺术类和科学类专业，因为这些专业可以增加他们获得高学位的机会，进而更有可能获得高收入。国内学者杨东平（2006）指出，在高等教育系统中，学生的学科专业选择具有阶层属性，优势阶层的子女更多地选择了热门专业和艺术类专业；而工人和农民等阶层的子女选择冷门专业的更多。

另一方面，某些专业能够起到弱化或增强家庭背景效应的作用。比如，Hansen（2001）基于1996年挪威人口10%的抽样调查数据，分析了30—41岁群体的教育与经济回报之间的关系。教育变量包括受教育年限和专业领域，其中，专业领域又划分为"软"专业（包括社会科学、人文科学和美学、法律、经济学、行政管理以及教学和社会工作六类）和"硬"专业（包括工程学、自然科学、农学和运输等以及健康服务四类）。研究结果表明社会阶层出身对被访者收入的影响在不同专业上存在较大变异，相比学习"硬"专业的被访者，对学习"软"专业的被访者影响要更大。

当然，也有研究者对此持不同意见，认为家庭出身与专业选择之间是相互独立的，最多也只是存在微弱关联。比如，Davies 和 Guppy（1997）对美国、Mastekaasa（2011）对挪威、Bernardi（2012）对西班牙的研究都认为没有足够证据表明家庭出身较高的人相比其他人会更多选择富有经济回报的专业。Van de Werfhorst 等（2003）对英国和 Duru-Bellat 等（2008）对法国的研究则发现家庭背景和专业选择之间只有很微弱的联系。换句话说，专业选择可能并不是代际流动的一种策略。

总体来看，对于教育和家庭背景在地位获得中的作用，既有共识又存在分歧。学者们普遍意识到，教育具有促进社会流动和实现地位再生产的双重功能。教育是影响社会经济地位获得的重要且显著因素，并且正如人力资本理论所宣扬的那样，教育是最重要的人力资本表现形式，有助于提高个人的经济回报水平。同时，教育也是社会再生产的工具，使上一代所处的阶层地位在其子女身上再次被复制（鲍尔斯和金提斯，1989；柯林斯，1998）。而对专业选择的研究提醒我们，在社会流动和社会分层研究中，对教育进行更加详细的控制对于准确评价家庭背景效应是有必要的。因为如果不同家庭背景的人在教育系统中会选择不同路径，那么对教育的粗略测量可能会高估家庭背景对地位获得的作用（Erikson 和 Jonsson，1998；Hansen，2001）。对于家庭背景的重要性，研究者很难达成共识，众多实证研究结论也并非一致。尽管如此，大家还是普遍愿意接受一点，即无论是在发达国家，还是在发展中国家，家庭背景的作用都依然是显著存在的，只是程度上存在差异，或强或弱。

二　社会心理因素

对地位获得过程中的社会心理因素的关注源于威斯康星学派对布劳—邓肯地位获得模型的批评。Sewell 等（1969）认为布劳—邓肯地位获得模型遗漏了社会心理因素，而它们作为中介因素调节着外生变量对地位获得的影响。研究者从心理学的激励理论以及相关研究成果出发，强调诸如参照群体、重要他人、自我概念、行为预期、教育和职业期望以及学校里成功或失败的经历等中介变量在个人地位获得过程中的重要性。由于该研究的数据来源于对美国威斯康星州进行的一项追踪调查，因此，也被称作"威斯康星模型"。具体地说，在 1957 年对 10317 名该州高中毕业生以及他们的兄弟姐妹进行调查，随后分别于 1964 年、1975 年和 1993 年对初始样本及其父母以及于 1977 年和 1994 年对初始样本的子女进行了追踪调查。

威斯康星模型包含八个变量间的因果关系。这八个变量分别是职业声望水平、目前的教育程度、未成年时的职业期望水平、未成年时的教育期望水平、中学时的重要他人影响、中学时的学业成绩、智力水平和家庭社会经济地位。其中，职业声望水平是通过邓肯的社会经济指数（SEI）来测量；职业期望水平是指被访者打算将来从事职业对应的社会经济指数；教育期望水平的测量方式是询问被访者在高中毕业后是否打算上大学；重要他人影响是三个变量的简单加总，即父母是否直接鼓励被访者要上大学、教师是否直接鼓励被访者要上大学和被访者的亲密朋友是否有上大学的打算。研究基于 1957 年和 1964 年对同一批被访者进行跟踪调查的数据进行分析，得出如下结论：第一，重要他人影响是一个重要因素。因为重要他人影响是易于操纵的，因此，外部行动者可以通过施加干预来影响个体的教育和职业获得。第二，教育期望在先赋性因素（anterior factor）传递给后来的行为结果方面实际上发挥着调节作用。当然，研究者也承认由于研究样本仅局限于农村男性群体，因此，其可靠性和代表性尚需使用更多来自不同社会经济背景的群体加以验证。

威斯康星模型在细化家庭背景如何作用于教育和职业获得上进行了有益尝试，对人们理解重要他人影响等社会心理因素如何影响地位获得做出了重要贡献，是对布劳—邓肯地位获得模型的有益拓展。

三　社会网络因素

随着社会资本理论的发展，社会资本或社会网络与地位获得的关系开始引起越来越多学者（Granovetter，1973；林南，2005）的关注与讨论，而其中最负盛名的研究学者当属美籍华裔社会学家林南。林南（2005）在其著作《社会资本——关于社会结构与行动的理论》中对社会资本与地位获得的关系设立专章论述。他在自己的社会资源理论的基础上，提出了三个命题，并结合以往研究对其进行了验证。这三个命题是：（1）社会资本命题：在社会网络中获取的好的嵌入型资源，会导致好的地位获得；（2）地位强度命题：初始的结构性位置越好，获得的地位越好；（3）弱关系强度命题：关系越弱，获得的地位越好（在找工作的工具性行动中）。

林南把社会资源与地位获得之间的关系划分为两个阶段：社会资本的获取和社会资本的运用。在前一过程，个体的人力资本（教育）、初始位置（父母的或先前的职业地位）和社会关系（如关系的广泛性）决定了个体通过这些关系（网络资源）可获得的资源范围。再者，网络资源、教育和初始位置被认为会影响到地位的获得，比如职业地位、权威地位、部门或收入。在后一过程，个体在找工作过程中，使用社会交往者及其所提供的资源。交往者的地位被视作地位获得过程中所动员的社会资本。交往者地位和教育、初始位置，将对职业地位获得产生显著的重要影响，反过来，交往者地位又受到个体的教育、网络资源，以及其与交往者之间关系强度的影响。关系强度可以用感受强度（perceived strength）（如关系的亲密度）或角色分类（role category）（如亲属、朋友或熟人）来测量。林南在综述了31篇与此相关的英文研究后总结到，这些研究一致支持以社会资源为表现形式的社会资本超越个人资源，对个体地位获得产生了重要作用。这种关系超越社会（不同国家和政治经济体）、工业化和发展水平、劳动力市场中的群体（毕业生、新雇员或变换工作者）等。

社会网络或社会资本在地位获得中的作用在中国现实情境下得以证

实。边燕杰（Bian，1999）研究比较了中国天津、中国香港、新加坡和其他社会的求职过程后提出了三个假设：制度安排假设、市场化假设和劳动力供给效应假设，其中劳动力供给效应假设认为当劳动力供给大于需求时，"强关系"作用大；劳动力需求大于供给时，"弱关系"作用大。最后他证实了中国人在使用社会网络找工作时，更多使用"强关系"而非"弱关系"，使用"强关系"更容易实现求职目标。

四　制度性因素

无论是布劳—邓肯模型、威斯康星模型，还是社会资本模型，都可视作微观层面对个人地位获得过程的探讨。但是，个体嵌套于社会环境中，个体是在教育系统中获得教育资质，在劳动力市场中谋求社会位置或收入，社会环境中的社会结构与制度因素会对地位获得产生约束作用。因此，在地位获得研究中，社会结构与制度因素不可忽视，这至少体现在三个方面：教育制度、市场环境和社会体制性因素。

首先，教育与社会经济地位的关系会受到一个国家教育系统的安排与变化的影响。在教育系统职业导向明确的国家，教育与社会经济地位关联性似乎更强。Brauns 等（1997）对比了 20 世纪八九十年代早期（1982—1984 年和 1992—1994 年）德国、英国、法国和匈牙利在教育扩张背景下的教育回报问题。研究对象被分为 25—34 岁和 35—44 岁两个年龄组。因变量包括失业率、教育成就和阶层地位。研究者考察了不同教育文凭类型（职业教育和普通教育）对个体劳动力市场回报的影响，结果发现，在德国，职业教育资质不仅是进入劳动力市场，而且是取得技能型工作，避免非技能型工作位置的重要先决条件。在任何教育水平上，职业教育都比普通教育更能获得高质量的工作。但是，在法国和英国，这种情况不明显甚至正好相反。Andersen 和 Van de Werfhorst（2010）以欧洲 14 个国家 2 万多名成年人为分析对象进行研究，研究目标之一就是分析一个国家教育系统的技能透明度水平（level of skill transparency）对个体职业社会经济地位的影响。其中，教育系统的技能透明度较高国家的特征是教育系统多元化、职业导向很强和高等教育注册比例较低等。多层线性模型的分析结果表明，在教育系统的技能透明度高的国家，教育与职业地位的关联更强。

其次，包括威斯康星模型在内的许多地位获得模型的潜在前提是市场是完全竞争的，但事实上，即使是美国这样的发达资本主义国家，其市场也绝非完美无缺（范晓光，2011）。与很多经济学理论经常假定劳动力市场是同质的、完全竞争的不同，现实中，无论是经济学者，还是社会学者都意识到，劳动力市场可能存在分割，即使资本主义市场经济也并不是完全开放、竞争的市场，诸如双重劳动力市场和内部劳动力市场等结构分割效应可能会对个人地位获得产生约束作用。劳动力市场分割理论解释了市场分割对劳动者收入造成的显著差异，比如初级和次级工作之间的区别、垄断、竞争和国家经济部门之间的区别、工资经济部门和工作竞争部门的区别，抑或内部劳动力市场和外部劳动力市场之间的差异等。Piore（1970）的双重劳动力市场（dual labor market）理论回答了就业和人力配置是如何维持贫困的。该理论认为市场并非是统一的，而是被划分两个部分：初级市场（primary market）和次级市场（secondary market）。初级市场的工作具有高工资、良好的工作环境、就业稳定性和工作安定性、公平的工作规则、升迁的机会等特征，而次级市场的工作则没有那么多的吸引力，往往是低工资、不良工作条件、就业不稳定、工作辛苦以及几乎没有升迁机会等。Mastekaasa（2011）对挪威的研究证实家庭出身效应对于在大型组织和公共部门就业的群体影响要小一些。

最后，国内学者关于党员、户口和单位等对地位获得影响的研究有利呼应了"新结构主义"理论对布劳—邓肯模型的批评，提供了社会制度性因素影响个人地位获得的有利证据。

第一，政治身份的作用。在国家社会主义制度下，共产党是国家最主要的领导者，党员身份是社会主义制度下社会分层的一个重要指标。魏昂德等（2008）的"职业升迁模型"（career mobility model）认为，尽管教育和政治忠诚在中国地位获得中都起作用，但后者含金量要大于前者。并且，党员这一政治身份同时也是进一步流动的资源，尤其是从工人地位流动到干部地位，以及从普通干部地位流动到决策干部地位，不管是在单位内部还是单位之间都是如此。林南和边燕杰（2002）对1985年中国天津城区抽样调查的811名处于工作年龄段的受访者进行分析后发现，对于男性而言，跨部门且向上的流动需要通过教育和入党来实现，党员资格对现职工作部门的标准化回归系数是0.12，仅次于初职工作部门（0.48）和教育（0.20）。可见，党员身份对于个体的地位获得扮演着重要角色。

第二，户籍的作用。在中国，户籍制度不仅是一项以户口登记和管理为核心功能的社会管理体制，同时也是一项与资源配置和利益分配密切相连的制度，并对社会分层和社会流动产生了较大的影响（陆益龙，2008）。探讨中国的户籍制度与社会流动的关系，吴晓刚（2007）的研究最具代表性。他基于1996年"当代中国生活史和社会变迁"调查数据，使用多类别条件逻辑斯蒂回归模型（Multinomial conditional logistic regression model）对6096个受访者进行了实证分析，主要结论是：农民的代际流动率相当高，城市中的社会流动也具有相当的"开放"性，并且这种模式是由中国独特的户籍制度造成的。因为户籍制度使得农村中从事非农职业、没有改变户口性质的农民子女还要继续务农，只允许农村中受过很高教育的人获得城市户口。

同时，该研究解释了为何以往经验研究（Lin和Bian，1991）得出中国存在较高的代际职业流动率，或者说父亲的职业对儿子的职业地位获得影响微弱的结论。因为针对其他国家开展的研究似乎都表明，父子职业地位之间都有一定的且并不微弱的关系（Erikson和Goldthorpe，1992）。正是由于具有很高门槛的户籍制度的存在，使得中国具有城市户口的人由两个部分组成：一部分是那些原来出生在城市的人，其流动模式是典型的城市人的流动模式；另一部分是那些基于自己的教育程度或其他方面的成就而成功地从农村户口转变为城市户口的人（Wu和Treiman，2004）。后者经历了一个长距离的向上流动过程。尽管只有一小部分农村人可以做到这一点，但是由于农村人口基数比城市大得多，他们仍然构成了城市人口中的相当比例。正是因为城市样本中包括了这一极度向上流动的群体，父代和子代职业地位之间的关系被弱化了。吴晓刚在实证分析中证实了这一解释，当计算仅基于出身为城市户口的人而不是当前城市户口的人时，代际职业地位之间的关联系数一下子就增大了许多。

尽管户籍制度建立至今历经多次改革（王美艳和蔡昉，2008），但是，户籍制度在社会分层与社会流动中似乎依然发挥作用（陆益龙，2008）。陆益龙（2008）使用2003年全国综合社会调查数据，对户口做六个界别的划分：农村户口、集镇户口、县级市户口、地级市户口、省会市户口和直辖市户口。分析结果证实了其提出的两个研究假设：一是中国阶层地位获得存在城乡差别和户口等级制现象。数据表明，户口与经济收入、职业阶层地位呈正相关。户口级别越高，获得较高收入和进入高层职业的概率越大。二是个人和家庭户口因素对个人职业和地位流动性及晋升机会获得有着结构性影响。数据表明，城镇户口、较高户口级别以及父亲户口迁移经历等因素对增加个人向上流动机会起促进作用。正如研究者总结的那样，"在改革开放乃至市场转型过程中，阶层结构和社会流动机制虽发生了局部变迁，越来越多的人可以在体制外获取资源和流动机会，但户口作为获取体制内资源的凭据，仍在很大程度上影响和决定着城市的阶层结构与社会整合"。

第三，单位的作用。单位是中国社会特定的工作组织概念。在计划经济时代，是中国城市社会中基本的社会调控单位和资源分配单位（王沪宁，1995）。与市场经济中通过竞争优势形成的市场分割不同，计划经济中的结构分割主要是国家权力运作的结果，这种结构分割的一个直观表现就是工作单位分割。单位在社会流动和社会分层中的作用至少表现为两点：其一，单位地位是个体社会经济地位的重要组成部分。再分配体制下，单位与社会分层的关系是很清晰明显的。国家根据单位在资源分配体制中的地位高低，将资源有差别地分配到了各种各样的单位当中，然后再由单位分配给其成员。因而，人们社会地位的差异，在很大程度上取决于他们所在单位的差异（李路路等，2009）。其二，中国居民的代际传递很大程度上表现为子代与父代之间的单位代际继承。比如，林南和边燕杰（2002）从地位获得与代际传承的角度入手，利用天津市1985年城市社会中单位组织居民调查资料，得出了父代单位地位对子代单位地位影响十分显著的结论。余红和刘欣（2004）以武汉市为例，分析了单位制在城市就业人口地位获得中的作用后得出了类似的结论。

伴随着改革开放，社会主义市场经济体制逐步建立，非公有制经济获得了空前的发展机会并迅速壮大起来。在这种背景下，一些研究者认为单位地位在社会经济地位中的重要性在降低，而职业地位的作用在崛起。比如，边燕杰等（2006）以地位获得的研究角度为切入点，对2003年中国综合社会调查（Chinese General Social Survey，简称CGSS）数据与1985年天津调查数据进行对比，初步探讨了20世纪以来单位的社会分层效应。结果发现：在1985年，父代的单位地位深刻影响着子代的地位获得，而父代的职业地位对子代地位没有影响，单位地位比职业地位的作用更凸显。但是这一情况在2003年发生了改变。具体地说，父代单位对子代地位获得影响大大下降了，代之而起的是职业地位含义迅速上升，这表现为，每提高一个职业地位而得到的收入资源，体制外（非国有的工作组织）比体制内（国有单位）高出一倍多。据此他们认为市场经济的发展会弱化单位的社会分层效应，增强职业的社会分层效应。遗憾的是，该研究没有对社会分层效应的弱化程度以及具体机制做进一步探讨。刘平等（2008）使用了"新单位制"这样的概念，在一定意义上与边燕杰和李路路等人的研究有异曲同工之妙。

然而，也有研究者发现单位制并没有衰落，最多只是改变了对社会经济地位的影响方式。比如，吴晓刚（Wu，2002）以及其与谢宇合作的研究（Xie 和 Wu，2008）都认为改革开放后单位制得以延续了。市场化改革对个人收入分配影响的中介机制仍然主要是工作单位。改革之后，在单位外部收入差距加剧的同时，单位内部却保持了一定程度的平等。余红和刘欣（2004）持同样的观点，他们认为直到 20 世纪 90 年代中期，单位的社会分层效应并未随改革的进行而消失，却以一种单位内外有别的方式延续了下来。至于为什么单位制依然存在，学者们（余红和刘欣，2004；王天夫和王丰，2005）认为原因既可能是制度变迁的路径依赖，也可能是人们传统观念的持续作用。

五　其他因素

性别和种族是社会学和经济学研究中最常关注的人口统计学特征。在代际流动研究中，存在性别（De Graaf 和 Kalmjin，2001；Warren 等，2002；林南和边燕杰，2002；Mastekaasa，2011；Klein，2011）差异。比如，De Graaf 和 Kalmjin（2001）指出父子与父女之间的代际流动存在差异。Mastekaasa（2011）研究发现，在控制其他变量的前提下，被访者的教育水平对于其进入高收入分布群体的影响，来自父母收入分布位于顶端的男性要比父母收入较低的男性高出 9—10 个百分点，但是对于女性，这种影响则明显要弱一些。林南和边燕杰（2002）认为教育对职业获得的影响在不同性别间存在差异。他们对北京（1983 年）、对天津（1985 年）的调查都表明，教育对男性职业获得影响并不显著，其初职地位获得主要是通过父亲对儿子工作单位的影响，而女性则更多依靠教育进入核心部门，这里的核心部门是指国有单位。

代际流动同样存在种族差异。白人男性的职业地位代际关联系数介于 0.30—0.45，平均值接近 0.40，而对于黑人男性而言，职业地位的代际关联明显更弱（Blau 和 Duncan，1967；Hauser 等，2000）。Lamar（2003）的博士论文发现，与白人不同，读精英大学似乎并不能帮助黑人摆脱不利社会经济背景的束缚。对于族群差异的原因，Bonacich（1972）

将其归咎于劳动力市场可能存在的族群分割，雇主对被雇群体的区别对待取决于劳动力价格，包括劳动工资与劳动者劳动所需要的交通、住房、教育和健康医疗等，而这些所需成本因族群而异，进而导致不同族群的劳动报酬差异。Wilson（1987）则认为这可能与经济转型所带来群居环境的变化有关。因为随着美国的经济转型，许多企业由城市迁往郊区，中产阶层以上的富人搬出城市，落户郊区，都市内城区沦为社会底层黑人族群的集散地，他们的集中居住和由此形成的"邻里效应"起到了阻碍社会底层向上流动的作用。

第三节　教育扩张与代际流动的关系

地位获得的过程揭示了代际流动的机制，而这一过程其实包含三个方面的内容：家庭背景对社会经济地位的影响、家庭背景对教育的影响（通过教育间接影响社会经济地位）和教育对社会经济地位的影响。教育扩张对代际流动的影响，转化为教育扩张如何形塑家庭背景和教育在地位获得过程中的作用。

一　家庭背景对社会经济地位的影响

（一）现代化理论强调家庭背景的影响将发生弱化

现代化理论（Modernization theory）或者工业化假设（Industrialization hypothesis）的核心观点是教育等自致性因素在个人地位获得中的作用会逐步提高，而家庭背景等先赋性因素的作用将逐渐削弱，甚至不起作用（Blau 和 Duncan，1967；Treiman，1970）。Blau 和 Duncan 在其著作《美国的职业结构》（*The American Occupational Structure*）中指出，随着社会现代化，在决定职业地位的因素中，先赋性因素将越来越不重要，而自致性因素将变得越来越重要。随后，Treiman（1970）在《工业化和社会分层》（*Industrialization and Social Stratification*）一文中，对这一观点予以明确并给出了解释。他认为，在越发达的社会，自致性因素对地位获得的影响越强，而先赋性因素的作用越小，这是因为工业化、教育扩张、城市化进程以及服务部门和公共部门的增加，都增强了教育在社会经济地位获得中的作用，同时弱化了家庭背景的影响。

现代化理论关于家庭背景作用弱化的观点在许多国家获得了经验支

持。具体地说，Hout（1988）使用美国综合社会调查（General Social Survey）的数据，对 1972—1985 年收集的 25—64 岁的 9227 名城市劳动力样本进行研究。主要结论是，在样本时间段内，不论是男性还是女性，社会经济地位出身与最终达到的社会经济地位之间的关联下降了 1/3。Müller 等（1998）研究了西德居民的教育和家庭出身对劳动力市场表现的影响。研究数据来源于 1984 年和 1994 年的德国综合社会调查（German General Social Survey）和 1986 年的德国社会经济面板数据（German Socio-Economic Panel），有效样本量分别为 5346 名和 8023 名。他们以初职社会阶层和声望来衡量居民的劳动力市场成就。结果发现，家庭出身（父亲的社会阶层和声望）不论是对儿子初职社会阶层和声望的直接作用，还是以教育为中介的间接影响都在下降。

De Graaf 和 Kalmjin（2001）认为以往对荷兰研究的学者之所以发现父亲职业地位对儿子职业地位的影响在 1930 年至 1980 年下降了 40%，其中一个主要原因是家庭出身直接传递效应的下降，这与现代社会在资源配置回报中更少强调先赋性因素的观念一致；另一个原因是父母地位对子女教育获得的影响下降，进而降低了家庭出身对地位获得的间接影响。随后，研究者使用 1971—1994 年的人口调查数据，对荷兰居民经济职业地位和文化职业地位代际传递的变化趋势进行研究。研究对象为年龄介于 35—65 岁的 5921 名男性和 3457 名女性。经济职业地位和文化职业地位分别以每个职业从业者平均月工资和平均受教育水平来衡量。代际传递包括父代与子代之间的地位继承和以教育为中介的间接传递两部分。结果发现，在样本时间段的末尾，经济职业地位和文化职业地位的代际继承实际上都已经消失。对于男性而言，文化地位的间接传递已经减少，经济地位则不然；对于女性，经济地位和文化地位的代际传递效应都要弱于男性，且主要是因为代际间接传递的增加所致。Zella（2010）使用 1997—2005 年意大利家庭纵向调查数据（Italian Household Longitudinal Survey）研究了教育水平、家庭出身对初职地位的影响，其中，家庭出身采用父母职业声望得分，初职地位为被访者的初职声望得分。研究对象为 6506 名居民，并把他们划分为三个同期群：1950—1972 年、1973—1985 年和 1986—2005 年。研究的主要结论是家庭出身在决定被访者初职地位上扮演着重要角色，但是随着时间变化，其影响力在变弱。

同时，一些跨国比较研究也提供了支持现代化理论的证据。比如

Treiman 和 Yip（1989）以声望、受教育年限分别来衡量个体的职业地位和教育地位，对 21 个国家的职业地位获得进行比较研究。研究结论之一就是父亲职业地位对儿子职业地位的影响随着工业化进程推进而逐渐降低，随着社会不平等加剧而逐步增强。Ganzeboom 和 Treiman（2007）对 42 个国家 374093 名 21—64 岁的男性样本进行比较研究，以此考察先赋性因素和自致性因素在不同经济发展水平和政治体制下的发展趋势。研究结论同样发现，随着经济发展水平的提高，先赋性因素的作用在降低（父亲职业地位对儿子职业地位），同时，相比非社会主义国家，先赋性因素的作用在社会主义国家要更弱一些。

国内也有研究发现代际继承效应在减弱，但是总体来看支持现代化理论关于家庭背景效应弱化观点的研究相对较少。比如，刘精明（2001）基于中国人民大学社会学系 1996 年一次大规模全国性抽样调查数据，利用历史事件方法对中高级白领阶层的职业地位获得进行研究。结果发现，改革过程中在进入中高级白领职业阶层上，以亲戚朋友中是否有科级以上干部为替代指标之一的权力背景因素的优势从改革前期的 3.2 倍下降到 20 世纪 90 年代前期的 2 倍。

（二）家庭背景的影响依然存在

对现代化理论的批评者强调家庭背景等先赋性因素对地位获得的直接影响依然存在，并没有像现代化理论所主张的那样呈现削弱的趋势。许多实证研究支持家庭出身对地位获得的影响并没有随时间变化而改变，这可能与劳动力市场并非纯粹遵循绩效原则有关（Iannelli，2011）。比如，Breen 和 Luijkx（2004）的研究发现家庭出身的直接效应并没有在英国和爱尔兰表现出弱化的趋势。Iannelli 和 Paterson（2005）对苏格兰的研究发现，随着专业性职业的增加和教育扩张，更多的工人阶层出身的子女能够获得高水平职业，但是这并没有缩小社会阶层之间在高水平职业获得上的机会差距。Azevedo 和 Bouillon（2010）对拉丁美洲的代际流动研究结果表明，拉丁美洲的代际流动很低，尤其是对位于收入分布顶端和尾部的群体，存在很高的代际不流动现象。Bukodi 和 Golthorpe（2011）对英国三个同期群（1946 年、1958 年和 1970 年）的分析发现，虽然阶层出身对职业地位获得有重要作用，但是这种影响在三个同期群对比中并没有表现出降低的趋势。Mastekaasa（2011）对挪威四个同期群的家庭出身与劳动力市场表现之间关联的研究结果同样拒绝了现代化理论，家庭出身的直接效应并没有降低，父亲的收入水平（子女 16—20 岁时父母年收入的均值）对子女收入（34—36 岁年收入的均值）存在一个较强的正向影响，并且这种影响在不同的同期群之间是稳定的，甚至有轻微增强，尽管这种情况对于男性群体而言非常微弱。Ballarino 等（2013）对意大利和西班牙两个国家的地位获得过程进行对比研究，考察了教育、家庭出身对劳动力市场表现的影响及其变化趋势。他以进入公务阶级（service class）的概率和避免坠入非技能工作阶层（unskilled working class）的概率这两个指标来衡量劳动力市场成就。研究结论是，家庭出身对劳动力市场成就存在一种较大的直接影响，并且这种影响效应并没有随时间变化而改变。

许多国内研究都支持家庭背景的作用依然存在且并没有出现弱化趋势。具体地说，李路路（2003）的研究发现，市场经济体制的转型使得代际继承性在增长，社会阶层结构的再生产特征凸显。改革开放前，在阶层地位获得中，父代的阶层地位（除专业技术人员地位）对于子代的地位获得并没有显著的直接影响，甚至是在权力优势阶层。但是，在制度转型之后，不仅专业技术人员地位的代际影响加大，而且父代地位对于子代地位的获得也产生了显著影响。张翼（2004）的研究发现改革开放后父亲职业地位对子女初职和现职社会地位获得具有明确的影响力，而且还呈现出这样的趋势，即市场化程度越高，父亲职业地位的影响力越大。李煜（2007）认为不同历史时期，优势阶层对子女职业地位获得过程的影响程度和模式存在明显差异。他使用 2003 年全国综合社会调查数据重点分析了改革前后家庭社会地位对子女初职地位的影响模式和变化趋势。主要结论是初职职位的高低主要取决于教育水平，这符合现代工业社会地位获得的基本规律，但是，与此同时，家庭背景因素即代际地位的继承作用仍然存在并发挥着重要影响。家庭背景的影响大小和模式在不同历史时期有所差异，"文化大革命"时期家庭阶层背景的影响最小，改革之后，非体力家庭的优势迅速扩大。

二 家庭背景对教育的影响

（一）教育扩张促进了教育机会均等

教育扩张能够带来教育机会均等，使得家庭背景与教育的关联下降。这一结论在一些研究中被证实，对此 Breen 和 Jonsson（2005）有过专门的综述。另外，Jonsson 等（1996）对德国以及 Shavit 和 Westerbeek

（1998）对意大利的研究都证实随着小学教育和中学教育的扩张或普及，教育的阶层不平等在降低。Breen 等（2009）进行的一项跨国比较研究，对比了欧洲 8 个国家的教育机会均等情况。结果发现，教育不平等在下降，但是这种下降在瑞典、荷兰、英国、德国和法国要比意大利、爱尔兰和波兰更明显。教育不平等下降最明显和最普遍的是农民和工人阶层出身的子女。Chesters 和 Watson（2013）使用澳大利亚 1987—2005 年 3 个调查数据进行研究，研究结论支持高等教育扩张在某种意义上降低了不平等，尽管研究者指出拥有一个大学教育程度的父母依然会直接增加子女拥有大学文凭的可能性。

值得注意的是，教育扩张对教育机会均等的影响在不同教育阶段上可能有所区别。比如 Gerber 和 Hout（1995）对苏联的研究发现，教育机会均等变化存在不同模式，家庭出身与教育的关联在中等教育阶段下降，但是在获得高等教育方面在增强。Mare（1981）也意识到家庭背景对教育机会的影响在不同教育阶段上可能并非一致，为此提出了教育转换模型（transition model）试图解决这一问题。

国内一些研究者发现中国教育扩张在一定程度上促进了教育机会均等。比如，刘精明（2006）基于 2003 年全国综合社会调查数据，使用事件史方法分析了 1978 年至 2003 年高等教育扩张与入学机会差异，研究表明，1998 年以后高等教育领域中的教育不平等在总体上呈现一种下降的趋势。无独有偶，丁小浩（2006）使用 2004 年对全国高校学生的抽样调查数据进行分析后指出，如果不考虑高等院校内部分层的因素，城镇居民高等教育入学率的均等化程度在 20 世纪 90 年代有了显著的提高。

（二）教育扩张没有促进教育机会均等

对教育扩张没有带来教育机会均等的原因探讨可归纳为两个方面。其一是教育扩张只是推迟了教育选择的基点（Iannelli，2011），过去社会阶层在教育上的选择发生在基础教育阶段，现在则推迟到高等教育上。最著名的理论假设是 Raftery 和 Hout（1993）的最大化维持不平等假设（Maximally Maintained Inequality，简称"MMI 假设"）。他们认为教育扩张并不能导致教育机会分配的平等化，相反，只要优势阶层还有可能去提高他们的教育机会，教育机会不平等就会维持。当然，这一研究主要是针对中等教育机会均等的变化。

在国内外相关实证研究中，一些研究支持了最大化维持不平等理论

（Shavit 和 Blossfeld，1993；Shavit 等，2007；Iannelli 和 Smyth，2008；Alon，2009；李春玲，2014）。比如，Shavit 和 Blossfeld（1993）对 13 个国家的研究结果支持了这一观点。尽管在过去的 20 世纪，这些国家的教育体系经历了大规模的扩张，但是只有两个国家（瑞典和荷兰）的家庭出身与教育获得之间的关联变弱。这意味着虽然教育水平获得了普遍提高，但是在教育系统中接受更高水平教育的相对机会在不同家庭出身的群体中并没有普遍意义上的改变。Alon（2009）对美国的研究同样认为在高等教育扩张后，教育的阶层差异依然存在。因为当某一级教育水平达到饱和时，不平等将会向下一级转移。国内学者李春玲（2014）通过同期群方法系统考察了 1940—2010 年中国城乡教育不平等的年代变化趋势。结果表明，小学教育的城乡机会不平等在下降，初中教育的城乡机会不平等没有变化，而高中及其他高级中等教育的城乡机会不平等持续上升，大学阶段的城乡机会不平等略有上升。尽管研究者并没有专门考察教育扩张对教育机会不均等的影响，但是我们仍然可以通过 20 世纪 70 年代出生同期群和 80 年代出生同期群的对比来间接得出教育扩张没有带来教育机会均等的结论。

其二，教育扩张无法促进教育机会均等和教育系统的异质性有关，比如高等教育的学校类型、学校级别和专业领域差异（Shavit 和 Muller，2000；Lucas，2001；Iannelli 和 Smyth，2008）。Lucas（2001）的有效维持不平等假设（Effectively Maintained Inequality，简称"EMI 假设"）认为即使上层阶级在高等教育中达到了饱和，不平等还将在高等教育中以更有效的方式维持，即从追求数量上的不平等向追求质量上的不平等转变，比如更好的大学和更富有经济回报的专业领域等。这一假设和最大化维持不平等假设成为后续学者研究教育扩张对教育机会均等影响不可绕过的两个重要理论观点。

同样有许多实证研究（Ayalon 和 Yogev，2005；刘精明，2006；丁小浩，2006）支持了有效维持不平等理论。比如，Ayalon 和 Yogev（2005）对以色列的研究发现支持了 Lucas（2001）的有效维持不平等理论。20 世纪 90 年代以色列的高等教育扩张源于大量学位授予型大学（degree-granting college）的建立，它们使得本科生的招生规模急剧扩大。这也确实带来了高等教育入学机会不均等的下降，使得不利阶层接受高等教育的机会增加。尽管如此，研究者认为这些机会主要集中在经济回报偏低的专业领域，而在那些能够把教育转变成社会优势的专业领域，不平等依然维持甚至扩大。

国内学者似乎更加倾向于支持有效维持不平等理论的观点。比如，刘精明（2006）认为尽管1998年以后高等教育领域中的教育不平等在总体上呈现一种下降的趋势，但是深入分析发现，这样的平等化过程是有条件的，高等教育领域的社会阶层差异仍然十分明显，在地位取向明确的本科教育中，高校扩张导致优势阶层较大程度地扩大了他们的相对优势。丁小浩（2006）考虑了高等教育内部分层后，认为有效维持不平等理论更适合解释中国高等教育机会的变化情况。因为高等教育机会的分布并没有呈现出更加均等化的势头，相反，优质高等教育呈现出更加倾向于优势社会阶层的势头。中国台湾学者张宜君和林宗弘（2013）采用台湾社会变迁基本调查阶层组资料（1997年、2002年、2007年、2012年），考察了高等教育扩张对不同阶层背景学生之间教育机会分配的影响，统计结果显示高等教育扩张虽然提供人们更多教育机会，却在同一个教育程度内形成水平分化，高阶层的家庭子女就读筛选性高、廉价且声誉好的公立大学，随后进入研究所的机会仍然要高，而中低阶层家庭子女则进入学费较高而排名较低的私立大学，进入研究所的概率也较低。最后，从公私立大学的学费差异及后续进入劳动市场的薪资差距来看，台湾的高等教育扩张政策几乎没有改变既有的阶层不平等，反而使之以更隐晦的方式持续下去。杨江华等（2014）也认为改革开放后中国教育机会的扩大，无论是基础教育领域还是高等教育领域，并未明显改变教育分层的客观现状，反而在某种程度上加剧了这一分化。杨奇明和林坚（2014）基于同胞相关系数的教育机会不均等因素分解框架，使用中国家庭营养健康调查（China Health and Nutrition Survey，简称CHNS）数据，考察了教育扩张前后中国县域教育机会不均等的演变模式。他们发现教育扩张后，整体教育机会不均等有所缓解，但这主要源于义务教育的普及，中等及高等教育机会不均等仍持续甚至大幅上升。造成这一结果的原因可能是高等教育收费、大学生"自主择业"政策以及外部宏观环境变化等。

当然，还有学者的研究同时支持了最大化维持不平等理论和有效维持不平等理论。例如，Yeung（2013）使用中国综合社会调查2005年和2008年对中国教育机会均等的研究结论同时支持了最大化维持不平等理论和有效维持不平等理论。教育扩张作为一种平等化的力量，使不同家庭出身的学生接受大学教育的机会都比以前更多，但是代际不平等依然持续。优势家庭的学生仍然比其同伴获得更多接受高质量教育的机会，以父母教育为代表的家庭背景的影响增加了他们在教育扩张之后进入学术型大学的机会。

三　教育对社会经济地位的影响

（一）教育的社会经济地位回报增强

社会学中的现代化理论认为随着教育扩张，教育等自致性因素在职业地位获得中的作用随着工业化进程会逐渐增强（Treiman 和 Yip，1989）。Ganzeboom 和 Treiman（2007）的研究结果支持了这一观点，他们发现随着经济发展水平的提高，自致性因素的作用在增加（教育水平对职业地位），并且自致性因素的作用在社会主义国家（communist nation）要强于非社会主义国家（noncommunist nation）。虽然考虑劳动力经验因素后，地位获得模型变得比较复杂，但是还是表明先赋性因素的作用随着时间的变化而降低，而自致性因素的作用逐渐增加。考虑到教育的异质性，Zella（2010）对比了高等教育在地位获得中的相对作用，结果发现高等教育对于被访者初职声望得分发挥着积极影响，而其他低层次教育正失去其影响力。并且，受教育水平较高的年轻一代群体即使他们家庭出身中等或较低，也比老一代群体更容易在劳动力市场上获得成功。

国内学者对教育职业回报的研究结果同样支持教育作用增强的假设。具体地说，刘精明（2001）利用历史事件方法分析了我国中高级白领阶层的职业地位获得情况，结果发现，改革过程中进入中高级白领职业阶层的教育标准，经历了由中等职业技术教育向高等职业技术教育，并正在向正规的高等教育逐步转化的过程。李路路（2003）分析了转型背景下城镇居民地位获得变化情况。研究对象为 1998 年对北京、无锡和珠海三市入户调查所涉及的 3975 名城镇居民。结果表明，受访者本人的教育在改革开放前后都对其社会地位的获得具有显著影响，而且在改革开放后这种影响的范围和程度都有所增加。遗憾的是，这些研究基本都没有专门探讨教育扩张的影响效应。

教育经济回报的变化趋势可以从经济学中的人力资本理论中获得解释。人力资本理论强调人力资本是个人经济收入的决定因素，而教育是人力资本的最主要表现形式。在人力资本理论中，技能偏向型技术进步假设

(Skill-biased Technological Change Hypothesis，简称"SBTC 假设")认为技术进步以及劳动力市场部门的增加将增加对高技术技能劳动力的需求，从而提高了高等教育的回报水平（Acemoglu，2000）。

国内一些研究也证实了教育对提高个人经济收入的作用在增加，但是这些研究或是在教育扩张前，或是没有专门探讨教育扩张的影响效应。比如，边燕杰和罗根（1996）根据天津市 1988 年、1993 年的调查数据和 1978 年、1983 年的回溯数据，研究了天津的改革进程及其居民的收入变化，研究发现教育的收入回报是逐年上升的。陈晓宇等（2003）认为随着市场经济改革深入以及知识经济的萌芽，与 20 世纪 90 年代中国经济发展和教育规模扩大相伴随的是各级教育收益率水平的显著提高。数据表明，中国 20 世纪 90 年代城镇教育收益率水平虽然略低于国际平均水平，但已与后者逐步接近，基本扭转了 20 世纪 90 年代初期以前大大低于国际平均水平的状况。进一步地分析发现，在竞争性的经济部门以及年轻的就业者中，教育具有更高的收益率。该结果从一个角度验证了在中国经济转型的过程中，随着劳动力市场化程度的提高，教育的收益率得到了提高。陈恢忠（2005）专门探讨了市场过渡期中国大城市居民职业地位获得中的先赋性因素和自致性因素的作用。他以武汉市和杭州市的城市居民为研究对象，结果发现，随着市场化程度的提高，与个人能力、努力有关的因素（主要是指教育）在个人职业地位获得中的作用上升，与个人能力、努力无关的因素作用则下降。

（二）教育的社会经济地位回报并没有增强

对欧洲一些发达国家的研究表明，教育没有促进地位循环，而是扮演了地位再生产的角色，个人的教育资质与他们所达到的社会阶层之间的关联近年来并没有增强，甚至逐渐变弱［例如，Breen 和 Goldthorpe（2001）、Goldthorpe 和 Mills（2004）、Van de Werfhorst（2007）、Bukodi 和 Golthorpe（2011）对英国的研究；Jonsson（1996）对瑞典的研究；Ganzeboom 和 Luijkx（2004）对荷兰的研究；Vallet（2004）对法国的研究；Whelan 和 Layte（2002）对爱尔兰的研究］。比如，Breen 和 Goldthorpe（2001）对英国两个同期群（1958 年和 1970 年）代际流动情况的研究发现，能力（通过能力量表测量）和教育水平对个人相对流动机会的影响有所减弱。Whelan 和 Layte（2002）对爱尔兰的研究结论同样不支持现代化理论的观点。他们对比了 1973 年、1987 年和 1994 年调查数据后发现，教育与社会阶层的关联已经发生弱化。当公务阶级（service class）在教育获得上所占据的优势超过其他阶层时，教育资质对阶层获得的影响变小了。Bukodi 和 Golthorpe（2011）对三个英国同期群（1946 年、1958 年和 1970 年）的分析发现，虽然教育水平会对职业地位获得产生强烈影响，但是这种影响在三个同期群对比中并没有增加。两位研究者的另一篇文章中对高等教育做了进一步区分，包括低水平高等教育和高水平高等教育，尽管高水平高等教育获得者相对于低水平高等教育获得者在进入工薪阶层（salariat）时仍然存在优势，但是通过对比 1946—1970 年同期群发现，这种优势已经下降了大约 1/3。

关于教育扩张对教育，尤其是高等教育回报的影响，更多学者持负向看法，即教育扩张降低了教育回报。具体地说，Brauns 等（1997）研究了 20 世纪八九十年代早期（1982—1984 年和 1992—1994 年）德国、英国、法国和匈牙利的教育扩张背景下的教育回报问题。结果发现，相比 80 年代初期，高校毕业生在 90 年代初期的失业率较高；随着时间变化，高校毕业生所获得的职业位置在不断下降；高等教育职业回报的下降在不同国家存在区别，英国最明显，至少是对男性而言，而德国则没有那么突出。研究者进而指出教育扩张与教育回报的关系：一个国家的高学历普及程度越高，高等教育对公众的开放越广泛，高等教育的价值则越低。Klein（2011）对西德的研究发现，1976—2007 年，虽然高等教育对于个人进入社会公务阶级的作用并没有表现出一致的下降趋势，但是在 80—90 年代这一段时期内，相比高中毕业生，大学毕业生进入社会公务阶级的相对机会还是出现了轻微减少。Ortiz 和 Wolbers（2013）使用欧洲社会调查（European Social Survey）的数据以跨国比较为视角研究了 29 个国家的教育扩张在早期职业获得过程中的作用，研究结论之一是：普遍来讲，教育扩张降低了职业回报，并且文凭膨胀越严重，教育回报越低。Ballarino 等（2013）对意大利和西班牙两个国家的研究发现存在文凭膨胀（credential inflation）现象，与现在相比，同样的教育资质，个人获得高回报职业的机会在过去要更大。同时研究者指出，西班牙高等教育的相对回报已经下降，而意大利的文凭膨胀则主要发生在高中阶段。

国内学者们也更倾向于认为教育扩张降低了教育，尤其是高等教育的社会经济回报。何亦名（2009）使用中国健康与营养调查（CHNS）1991—2006 年数据，以 16—60 岁工资性收入者为分析对象，研究了教育扩张前后教育收益率的变化情况。他认为随着市场化程度的提高和高等教育的扩张，高等教育的教育收益率在经历了 1991—2000 年快速地增长之后，在 2000—2006 年增长势头减缓，甚至出现停止增长的迹象，从而说明教育扩张对高等教育的教育回报有明显的压缩效应，高等教育扩张所引发的工资效应正在逐步显露出来。丁小浩等（2012）使用国家统计局 2002—2009 年城镇入户调查数据研究了近十年来各级教育收益率的水平及其变动状态。主要结论是除初中以外，其他各级教育收益率的变化并没有延续以往显著上升的走势，而是逐渐趋于平稳，甚至有某种下降的迹象。研究者认为这可能与高等教育扩张有关，因为高等教育扩张使得高等教育人口的供给数量与现实经济所需数量不匹配，并且伴随着教育扩张，受教育者的质量和结构的变化也可能会导致教育收益率的下降。

　　教育扩张导致教育回报下降的原因有很多，既可能来自教育系统本身，也可能与劳动力市场结构的变化有关。前者可以理解为教育扩张降低了入学标准，使得原本能力不足的人进入高等教育系统，可是他们本身的能力不能够使其在劳动力市场上获得丰富回报。后者主要指劳动力市场供求关系的变化以及由此带来的雇主与求职者行为的变化。例如，Ganzeboom 和 Luijkx（2004）认为教育对社会经济地位的影响下降与教育分布特征的变化有关。在一个高教育程度的社会，受教育程度变异性降低使得雇主通过教育水平来选择雇员变得困难。Jackson 等（2005）认为教育与社会经济地位之间关联弱化是由于结构性变化所致，即相对于看重教育文凭的职业，不重视教育文凭的职业的数量增多。在管理、销售或个人服务等职业不断增加时，雇主只需要雇员拥有很少的正规教育即可，反而认为社会技能或性格特征更具有经济价值。Van de Werfhorst（2007）认为许多社会学家观察到的美国 20 世纪 70 年代教育的职业地位或收入回报的下降原因在于当时美国劳动力市场中涌入了过多的大学毕业生。概括地说，教育的绝对回报与相对回报主要取决于教育扩张与职业升级的相互作用，也就是经济学上所常见的供需平衡问题（Ganzeboom 和 Treiman，2007；Bukodi 和 Goldthorpe，2011；Bernardi，2012）。

　　另外，教育的经济回报和职业地位回报的变化趋势可能并非一致。比如，美国的职业地位流动与欧洲国家一样高，但是代际收入弹性却高于欧洲国家。Breen 和 Jonsson（2005）认为造成这一现象的原因在于美国的教育回报比社会平等化程度更高的欧洲国家要高，所以即使美国社会比较开放，但是先前的社会不平等对处于劣势的美国人看上去"成本"更大，而对于出身优势的群体更有利。Van de Werfhorst（2007）使用英国综合家庭调查（1972—2003 年，不含 1997 年和 1999 年）的数据分析了教育对社会阶层和收入影响的变化趋势。研究样本包含年龄在 25—64 岁之间的 105747 名女性和 130877 名男性。社会阶层使用 Erikson 和 Goldthorpe 的分类方法。结果发现，教育对社会阶层的作用表现出明显的下降趋势，但是，对男性高等教育获得者而言，教育对收入的影响则呈"L"形或"U"形，即在 70 年代呈下降趋势，80 年代初期保持稳定，之后又重新出现上升趋势。另外，不同教育水平的社会经济地位回报同样存在差异。比如杨江华等（2014）对中国的研究发现，教育对向上职业流动具有重要影响，但其时代效应存在差异，中等或大专学历对进入精英职业影响的时代效应逐渐减弱，而本科及以上学历的影响效应则日趋增强。

四 教育扩张的结构化效应

（一）家庭背景对地位获得的影响在较高教育水平群体中弱化

按照现代化理论的观点，受教育程度较高的劳动力更多地在遵循"精英主义"原则的劳动力市场谋取工作，家庭出身与最终地位之间的关联将首先在这一群体中变弱甚至消失。这一观点最早由 Hout（1988）提出，后来 Breen 和 Jonsson（2007）在研究教育如何促进社会流动时，更加明确地将其表述为"结构化效应"，即假定存在家庭背景、教育和社会经济地位之间的关联，当教育扩张增加了总人口中拥有较高教育水平人口所占的比例时，如果家庭背景在教育程度较高的群体中发生弱化，那么，家庭背景与社会经济地位之间的关联将在总人口中弱化。

随后，一些针对欧美发达国家的实证研究〔例如，Hout（1988）对美国的研究；Vallet（2004）对法国的研究；Iannelli 和 Paterson（2005）对苏格兰的研究；Breen 和 Jonsson（2007）对瑞典的研究；Breen 和 Luijkx（2007）对德国的研究，以及 Mastekaasa（2011）对挪威的研究〕都支持了这一观点。比如，Hout（1988）认为 1972—1985 年美国居民的社会经济地位出身与最终达到的社会经济地位之间的关联之所以下降了1/3，与社会中拥有大学学历的劳动力在整体劳动力队伍中的比例不断增加有关，因为家庭出身对社会经济地位的影响存在于没有大学文凭的劳动力之中，而大学文凭使家庭出身的影响得以消失。Vallet（2004）对法国 20 世

纪 70—90 年代的代际阶层流动的变化趋势进行了研究，结果与 Hout
(1988) 对美国的研究类似，教育扩张增加了教育程度较高群体的规模与
影响，在这些群体中，家庭出身对地位获得的作用逐渐变弱。Iannelli 和
Paterson (2005) 以苏格兰四个同期群 (1937—1946 年、1947—1956 年、
1957—1966 年和 1967—1976 年) 为研究对象，分析了教育在社会流动中
的作用，结果发现，与教育水平较低的群体相比，在高中或大学教育群体
中，父母社会阶层对子女获得较高社会位置的影响变小了。Mastekaasa
(2011) 以父母的教育水平和收入来衡量家庭出身，以被访者 34—36 岁
的收入均值来衡量劳动力市场成就，通过对比挪威四个同期群 (1950—
1954 年、1955—1959 年、1960—1964 年和 1965—1969 年)，考察了家庭
出身与劳动力市场成就之间关系的稳定性与变化趋势。主要结论是，虽然
家庭出身 (父母的收入水平) 对子女劳动力市场表现的直接效应在不同
的同期群的对比中并没有下降，但是，与低水平教育获得者相比，在高水
平教育获得者中，家庭出身的影响效应确实在降低。另外，一些对研究生
群体地位获得的研究结果发现，家庭背景对研究生的影响要比其他教育水
平弱 (Mare，1980)，甚至在研究生学位和 MBA 项目上已经消失 (Mullen
等，2003)。

(二) 家庭背景对地位获得的影响即使在高等教育群体中依然存在

结构化效应的观点也遭到了一些研究者的质疑。一方面，他们认为，
即使在受高等教育群体中，家庭背景的影响依然存在，并没有足够证据表
明家庭背景效应弱化或消失。具体地说，Tolsma 和 Wolbers (2014) 考察
了荷兰居民的家庭出身对初职地位影响在高等教育群体中的变化趋势。结
果发现，并没有证据显示在高等教育群体中，家庭出身对初职地位的影响
变弱。恰恰相反，在家庭出身同样优越的情况下，那些教育水平较高的个
体从家庭背景中获益要大于那些低教育水平的个体，尤其是当把他们所参
与的旨在提高知识和技能的所有教育课程都考虑在内，这种效应更加明
显。Ballarino 等 (2013) 对意大利和西班牙两个国家的研究同样发现，家
庭出身对劳动力市场表现的影响在受高等教育群体中并没有消失。

另一方面，教育扩张的结构化效应忽略了高等教育的异质性。比如同
样是对美国的研究，Torche (2011) 得出了不完全一致的结论。他使用 5
个不同来源、时间跨度达半个世纪 (1957—2006 年) 的数据，把教育水
平划分为五类，即高中以下、高中毕业、获得一些大学教育 (包括副学

位）、大学毕业和研究生毕业，并收集了不同教育水平下父亲和子女的社会阶层、职业地位、工资和家庭收入数据。在研究方法上，对社会阶层流动的分析使用 Unidiff 模型，对职业地位、工资和家庭收入的分析使用线性回归的方法。研究结果表明，对于受教育水平较低的群体而言，代际关联依然很强；代际关联在学士学位获得者之间变弱或者消失，但是在研究生学位获得者之中又重新出现，形成了家庭背景影响的"U"形模式。研究者认为造成这种差异的原因可以在教育和劳动力市场因素中获得解释，相比学士学位获得者，父母资源对于研究生学位获得者的大学选拔性、专业选择和工资的影响更强一些。回顾国内研究，对教育扩张结构化效应的研究仍显不足。

五　教育扩张与代际流动关系的整体探讨

以上文献回顾了教育扩张与地位获得过程中各个路径之间的关系，尽管如此，如何将这些理论观点和实证证据置于一个框架之下来思考教育扩张对代际流动的影响仍然是很困难的（Pfeffer 和 Hertel，2015）。

一些研究者对英国的研究发现，尽管在 20 世纪和 21 世纪初期，教育系统经历了大扩张，但是英国的社会流动看上去几乎没有任何改变（Goldthorpe 和 Mills，2004；Goldthorpe 和 Jackson，2007；Paterson 和 Ianelli，2007）。但实际上，这些研究并非专门考察教育扩张与代际流动的关系。与此不同，Iannelli（2011）使用苏格兰 2011 年家庭调查数据，采用同期群方法研究了 1937—1946 年出生群至 1967—1976 年同期群之间教育扩张与代际流动的关系。研究发现尽管教育扩张提高了整体教育水平，但是教育的阶层差异依然存在；虽然教育扩张为工人阶层子女提供了相比过去更多攀登社会阶梯的机会，但实际上他们很难打破社会不平等，向上流动到职业顶端。

Rauscher（2012）以及 Sturgis 和 Buscha（2015）重点研究了基础教育阶段的教育扩张对代际流动的影响。Rauscher（2012）在其博士论文中使用 19 世纪末至 20 世纪初美国年度调查数据，利用州与州之间在引入义务教育法上的时间差异探讨了教育扩张对社会流动影响的因果机制。她发现早期的教育扩张带来了社会阶层流动的轻微下降，这主要集中在那些因为年龄原因在教育扩张时仅仅只能获得很少教育的群体中，但是教育扩张随后增加了社会流动，主要是在那些能完全从教育扩张中获益的群体中。

历史文本分析和州立学校财政数据表明这种非线性的影响效应反映了学校机构反应的延迟性。对政策变化的准备不足导致最初的不平等增加，一旦学校系统对此做出反应和调整之后，社会流动便重新回归正常。Sturgis 和 Buscha（2015）对英国教育扩张对代际流动的影响进行了研究。这里的教育扩张主要是指英格兰和威尔士 1972 年把最低受教育年限从 15 年提高至 16 年的教育改革。研究的主要结论是虽然教育改革从整体上增加了人们的受教育年限，并且削弱了家庭背景与教育获得之间的关联，但是并没有带来代际流动可靠的、明显的增加。

教育与代际流动关系的研究是理解教育扩张对代际流动影响的前提。Breen 和 Jonsson（2007）认为教育促进代际流动的过程包括两个方面：一是"平等化效应"（equalization effect），就是家庭背景和教育之间的关联下降；二是"结构化效应"（compositional effect），如果存在家庭背景、教育和社会经济地位之间的关联，并且家庭背景与社会经济地位的关联在教育水平较高的群体中变弱，那么当教育扩张增加了总人口中拥有较高教育水平群体的数量时，这种结构性变化将会导致家庭背景与社会经济地位之间的整体关联下降。

研究者对于代际流动究竟来自平等化效应、结构化效应或者两者的共同作用莫衷一是。比如，Breen 和 Jonsson（2007）对瑞典 1976—1999 年 24 个年度调查涉及 6 万多位居民的研究结果表明，20 世纪 70 年代中期至 90 年代末期，代际流动的变化主要归因于年长者和缺乏流动性的群体被年轻人和更具流动性的群体所替代。这种同期群之间代际流动的差异来自平等化效应和结构化效应两个方面。Breen（2010）对比了瑞典、英国和德国男性的代际流动情况，结果发现，瑞典的代际流动趋势来自平等化效应；德国的代际流动受结构化效应的影响要大于平等化效应；而英国的代际流动则仅受结构化效应的作用。Torche（2011）对美国的研究并没有完全支持结构化效应的观点。因为与低教育水平群体相比，虽然代际职业关联在学士学位获得者中变弱，但是在研究生学位获得者中又重新变强。Pfeffer 和 Hertel（2015）使用 Unidiff 模型，根据 1972—2012 年美国综合社会调查的数据，考察了美国教育扩张对社会流动趋势的影响，研究结论支持了结构化效应，认为美国社会阶层流动逐渐增强的趋势几乎可以完全归因于结构化效应，平等化效应并不存在，因为虽然教育分布发生了较大改变，但是教育的阶层不平等依然稳定存在，并且教育的社会阶层回报并没有表现出一致性趋势。

当然，也有研究驳斥了平等化效应和结构化效应的存在。他们认为代际流动的增加可能与教育回报或家庭背景直接效应的变化有关。Torche 和 Ribeiro（2010）对巴西 20 世纪 70 年代初至 90 年代末的研究认为，在快速的后工业时期，巴西快速增加的代际流动是由于家庭背景对社会经济地位直接影响的弱化以及教育的社会阶层回报降低导致。Lindley 和 Machin（2012）发现英国最近 30 年来的教育升级或教育扩张主要增加了相对富裕家庭出身子女的教育水平，与此同时，这一时期的劳动力市场更加倾向于教育水平较高的劳动者，使得不同教育水平劳动者的工资差异变大。据此，他们认为这两种因素加在一起会导致代内不平等加剧，并强化了来自上一代业已存在的不平等，从而阻碍社会流动。

国内关于教育扩张对代际流动影响的研究并不多。张翼（2010）虽然没有专门对此进行分析，但是他研究发现，以父母亲为表征的家庭背景严重影响了人们的教育获得，父母亲的受教育水平越高，子女的受教育水平也会越高。因此，研究者认为 1999 年之后高等教育的扩张给社会上层带来的收益远远大于社会下层的收益，使中国社会增加了封闭性特征而非开放性特征。钟海（Zhong, 2013）从理论层面推导了教育扩张对代际流动的影响。假定家庭背景（父母亲的收入）对教育回报有正向影响，在高等教育扩张的情况下，首先，教育扩张会导致教育机会的水平差异和人力资本积累的低效率；其次，人力资本回报和父母收入的正相关会导致更多的代际不流动；最后，教育扩张，尤其是高等教育扩张无法促进代际流动。郝雨霏等（2014）使用流动表和对数可积模型基于对全国综合调查数据分析发现，高校扩招后代际间社会流动尤其是农村以及处于社会下层子弟的向上流动并未发生明显改善。高校扩招后的社会绝对流动率有所上升，但相对流动率仍保持不变。这表明，高校扩招虽然促进了整体国民教育水平的提高，但并未有效提升代际间社会流动。

第四节　代际流动趋势的研究方法

时期（period）和同期群（cohort）是研究历史变化的两个不同视角。时期效应（period effect）是指某一特定时期或时点的宏观事件，比如政治、经济和文化事件会对全体人口产生影响，比如新科技革命会使得生活在那个时代的所有人都获益，或者中国1978年的经济改革使得以往的低收入低消费的政策得以革除，所有年龄阶段的人的收入获得都受到了相应的影响（梁玉成，2007）。同期群（Ryder，1965；周怡，2009）是指经历过基本相同的历史事件、历史背景或者具有基本类似的历史足迹的同龄同代群体。同期群效应（cohort effect）又被称为世代效应，是指某一事件的影响仅局限在特定的年龄群体上，比如共同经历了"上山下乡"运动的知识青年群体，这一事件对他们日后在劳动力市场的劳动能力及收入获得产生了共同的影响（梁玉成，2007）。

对于同期群效应的最早关注可以追溯到 Blossfeld 在 1986 年的研究。他在研究德国居民的职业机会发展时提出了著名的 APC 模型（Age-Period-Cohort Model），即在时期效应和同期群效应的基础上，加入了年龄效应。国内学者梁玉成（2007）认为这一模型有助于研究转型期的居民社会经济地位获得。因为该模型不再将劳动力市场结构视为不随时间变化的常数，而是在一个动态劳动力市场视角下研究不同的同期群个体在不同劳动力市场的分层机制变化，以及这些社会结构的变化如何影响职业生涯的进入和后续发展。

在代际流动研究中，以往很多研究都是采用时期效应（Hout，1988；Müller 和 Pollak，2004；Vallet，2004；Torche 和 Ribeiro，2010），而对同期群效应的关注相对较少。近几年来，一些关注同期群效应的研究开始出现，他们发现社会流动的变化不是连续的，而是来自同期群效应。比如，Breen 和 Jonsson（2007）使用来自瑞典统计局一项持续 24 年（1976—1999 年）的调查数据做了一项实证研究。他们的研究样本包括 63280 名年龄介于 25—64 岁的居民，并按调查时间被划分为六个时间段（1976—1979 年，1980—1983 年，……，1996—1999 年），同时在每个时间段内又按年龄划分为十五个同期群（25—28 岁，29—32 岁，……，61—64 岁）。模型结果证实社会流动变化一般是由同期群效应而非时期效应所推动的。因为当模型中控制同期群因素后，时间段的变化并不能显著提高模型的拟合度，反之则不然。换句话说，在控制同期群效应后，时期效应消失了。研究者据此认为瑞典居民在 20 世纪 70 年代中期至 90 年代末的社会流动来源于同期群效应，即年长者和缺乏流动性的群体被年轻人和更具流动性的群体所取代。Bukodi 和 Golthorpe（2011）对英国三个同期群（1946 年、1958 年和 1970 年）的研究发现，几乎没有证据表明社会流动存在长期性的变化趋势，相反，有足够证据显示社会流动过程存在同期群效应。比如 1958 年出生的男性同期群由于进入劳动力市场的第一年正好处于经济衰退、去工业化（de-industrialization）和高失业率时期，因此，他们在随后的职业生涯中经历了大量的持续性劣势。

一些学者对中国居民地位获得的研究同样证实了同期群效应的存在。比如周雪光等（2002，2015）和白威廉（2002）关注中国的国家政策、社会动荡对个体流动的影响。他们以"文化大革命"这一特殊历史事件为着眼点，对国家与居民生活机遇变化进行研究。前者发现，由国家主导政策推动的社会宏观动荡与变迁支配着中国人的地位获得和流动；政治的摆动、社会运动的变化在造成每一同期群不同流动际遇的同时，影响并左右了中国社会整个分层流动的变化态势。换句话说，个人向哪儿流动，怎样流动，并不仅仅依靠个人努力，而是受制于国家政治与社会形势。后者通过对 1972—1978 年迁居中国香港的 132 位中国大陆移民进行访谈，得到了他们 2865 位邻居的数据，分析后得出的结论是："文化大革命"这一社会事件对中国的社会分层结构进行了彻底清洗，使得当时中国中上阶层父母对其子女的受教育水平与职业地位的提高爱莫能助，从而使中国从新中国成立初期比较平缓的社会分层结构转变为"文化大革命"时期的"非阶层化"大平均主义结构。

中国高等教育扩张作为一个特定时期的历史事件，对居民地位获得的影响主要集中在 1999 年之后接受教育，尤其是高等教育的群体，这种影响并不存在于全体人口中，对于扩张之前群体的影响并不大。因此，采用同期群分析有助于更好地刻画教育扩张前后代际流动的变化趋势，理解教育扩张对代际流动的影响。

第五节　小结

经过几代学者的努力，代际流动研究在研究方法和内容方面获得了较大的发展。一方面，研究方法演进是贯穿整个社会分层与流动研究的一条主线。与其他研究领域不同，该领域研究的突破主要是靠研究方法和模型的创新得以推进，而非由理论进展带动的（Goldthorpe，2005）。从列联表、路径分析到对数线性模型和条件多类别回归模型，方法演进使地位获得研究内容更加细化，变量处理和模型解释更加科学。

　　另一方面，在研究内容上，地位获得影响因素研究以及地位获得变化趋势研究一直是研究者关注的两个重点。在布劳—邓肯地位获得模型的基础上，学者们从社会心理变量、社会资本、单位地位和政治身份等方面对模型进行不断丰富和改造。并且，除了关注先赋性因素和自致性因素外，开始意识到结构和制度对个人地位获得的决定作用可能比个体资源"更重要并在逻辑上更早"（王天夫和王丰，2005），进而强调劳动力市场结构、国家制度与政策和社会意识形态等宏观因素对地位获得的作用。在地位获得变化趋势方面，围绕现代化理论的争辩此起彼伏。尽管现代化理论强调教育作用上升、家庭背景作用弱化的观点无疑更符合人们的期望，但是在实证研究中似乎更难获得支持，尤其是其强调家庭背景作用弱化的观点。

　　回顾以往研究，本书认为仍然需要在以下几个方面增加关注。首先，从经济学的相关理论解释教育扩张对代际流动影响的研究有待加强。代际流动是社会学中社会分层与社会流动研究的核心命题。社会学者对此倾注了很多心力，因而这些研究基本都是从社会学的相关理论出发。但实际上，经济学的很多理论，比如信号筛选理论等对于理解教育扩张与代际流动的关系，尤其是教育的作用提供了一些独特的视角（Goldthorpe，2014），在一定程度上有助于我们更好地解释这一问题。

　　其次，关于教育扩张对代际流动影响的中国实证经验很少，从而无法与西方经验进行互动。在代际流动的变化趋势，尤其是教育与家庭背景在地位获得过程中作用的变化趋势方面，以往研究基本都是针对欧美发达国家开展的。反观国内，学者们大多强调个人的教育等自致性因素和家庭背景等先赋性因素对个人职业地位获得有影响，而没有对这两种因素在个人地位获得中的作用变化趋势进行研究（陈恢忠，2005）。并且，尽管一些实证研究提供了教育扩张对教育机会均等或教育回报影响的证据，但是如何在一个整体框架下探讨教育扩张对代际流动的影响仍然有待更多尝试。国内鲜有研究专门探讨这一问题，仅有郝雨霏等（2014）从实证角度尝试回答这一问题，但是如前所述，研究者仅在对比教育扩张前后代际流动的情况之后，就把代际流动困难的原因归结于教育扩张的做法值得讨论。国内较少对这一问题研究，可能是出于高等教育扩张眼下正在进行中，尚无法对其作出准确评价。但实际上，本科生扩张在 2012 年就已经基本停止了。

　　最后，高等教育群体的社会经济地位获得过程与变化趋势值得重视。之所以强调这点，是因为，一方面，以往研究多把高等教育视为一个群体，与其他教育水平进行比较，从而忽略了高等教育的水平差异或内部异质性，比如存在专科生、本科生和研究生的差异、不同专业领域的差异等。同样是在高等教育内部，不同学历层次上，家庭出身效应并非一致（Torche，2011）。另一方面，现代化理论预言家庭出身效应在较高教育水平群体中将首先弱化，对此的实证研究结论不尽一致，并且多集中在欧美发达国家。中国作为一个发展中国家，经历了世界上最大规模的教育扩张。在这种背景下，教育扩张对高等教育群体的社会经济地位获得将产生何种影响，以及不同阶层将做出何种流动策略选择值得关注。

　　本书试图结合经济学和社会学的相关理论对教育扩张影响代际流动的过程或机制进行解释，并使用同期群的分析方法，从实证角度对教育扩张究竟能否增加代际流动做出回答。在这里，我们是以子代的初职社会经济地位作为代际流动的考察点。选择初职的原因主要有两点：其一，现职社会经济地位很大程度上是由初职决定的，并且相比现职，教育和家庭背景对初职的影响更强（Erikson 和 Jonsson，1998；Warren 等，2002）。换句话说，初职获得更能反映代际效应的存在与强弱。其二，出于研究方法上的便利。同一个同期群的初职获得时间类似，而这个时间点劳动力市场的结构也只影响这个同期群的初职获得，所以，从初职获得的角度来看，其劳动力市场的时期效应和同期群效应相互重合（梁玉成，2007），从而更容易观察代际流动的变化趋势。

第三章

理论框架与研究设计

以上文献梳理的结果告诉我们，教育扩张对代际流动的影响可能并非简单的线性关系，本章我们将主要从理论角度试图阐释教育扩张对代际流动的影响过程或机制。本章内容由三部分组成：首先是本书的核心概念界定；第二个部分是理论分析与研究假设；最后一部分介绍本书的数据来源和变量选择。

第一节　概念界定

本书的主要概念有教育扩张、代际流动、代际效应、家庭背景和社会经济地位。

1. 教育扩张

国外学者在使用教育扩张这一术语时，一般是指整个教育系统的扩张，包括基础教育、中等教育和高等教育。在我国，教育扩张主要是指始于 1999 年的高等教育扩张，尽管这种扩张的影响可能不仅仅局限于高等教育阶段。并且，从严格意义上来讲，中国高等教育扩张是从 1993 年开始的，因为当年全国各高等院校开始接收自费生，高中毕业生升学率发生了数量级的变化，由上一年的 24.8% 上升到 34.3%。但是更加明显的规模扩张是从 1999 年开始的，这导致了大学毕业生质量和就业形势的巨大变化。因此，本书中的教育扩张是指始于 1999 年的高等教育扩张。

2. 代际流动（intergenerational mobility）

代际流动一般是指相比父代，子代社会经济地位的变动情况。它包括绝对流动（absolute mobility）和相对流动（relative mobility）两种形式。前者又称结构性流动（structural mobility），是指因经济发展和职业结构发生改变，导致社会阶层总量增加，子代中一部分人将在不取代任何人的情况下占据新的社会位置。比如，农业社会向工业化社会的转变在减少与农业相关职业的同时，创造出更多的专业技术或非体力职业，从而造就了更多的社会流动机会。相对流动指在职业结构未发生大的改变或社会位置的数量并未明显增减的情况下而发生的社会流动，流动产生的原因在于子代中一部分人发生了向下流动，从而为其他人向上流动留出了空间。一般意义上的代际流动主要是指代际相对流动，本书亦是如此。

3. 代际效应（intergenerational effect）

尽管很多研究者常使用代际效应这一术语，但实际上，给出明确概念界定的并不多。借鉴 Mare 和 Maralani（2006）的观点，本书中的代际效应是指子代的社会经济地位受到家庭背景的影响并且很难脱离上一代的社会特征。这种代际关联往往使得弱势阶层出身的子女受制于家庭背景的束缚，与优势阶层出身的同龄人相比，在教育、职业和收入等社会经济地位方面存在明显的机会、过程和结果差异。

4. 家庭背景

家庭背景也常被称作社会出身（social origin）或家庭出身。通常是指一个人的家庭社会经济状况，比如家庭收入、父母亲的职业和受教育程度等，后来随着社会资本理论的兴起，家庭的社会关系网络也被视作一种家庭资源。本书中的家庭背景主要是指父母亲的社会经济地位，包括父母亲的职业地位、受教育程度、家庭收入和家庭的社会关系。

5. 社会经济地位（socioeconomic status）

在广义上来讲，社会经济地位是指一个人可资获取的经济、社会、文化和人力资本资源（NCES，2012）。一般来说，社会经济地位包括教育、收入和职业三大维度。当然，社会学和经济学研究者在这一概念的具体使用上存在差异。与经济学比较看重经济地位，强调收入作为衡量个人社会经济地位的重要性的观点不同，社会学更加强调职业地位，并将其作为一种衡量社会经济地位等级的标尺。因为他们认为职业地位是一种更好的长期经济福利或者收入的替代变量，要比单维度的工资收入测量要好（Zimmerman，1992），同时，职业本身往往能反映一个人的教育和收入水平，且比收入更具有稳定性。

在衡量社会经济地位时存在不同指标，比如社会阶层、职业声望得分和社会经济地位指数等。我们采用的是 Ganzeboom 等（1992）的国际社会经济地位指数（International Socio-Economic Index，简称 ISEI）来衡量社会经济地位。社会经济地位指数是综合人们的教育、收入和职业等多种社会经济因素而排列的顺序和分值，是一种客观地位而不是主观地位，尽管该指数与职业主观声望测量的指数具有很强的相关关系。指标建立时，研究者以国际标准职业声望量表为基础，对 16 个国家的 31 套数据进行了比较分析，这些国家包括从最不发达国家到最发达国家，同时，研究者采用国际标准化职业分类体系，将教育的和收入的指标也做了国际标准化处理，解决了国别差异问题，这些都使得该指数具有国际代表性（李强，2011）。

对于这一指数能否适用中国的情况，我们认同 Hout 和 DiPrete（2006）的观点，代际流动研究普遍建立在"特雷曼恒量"（Treiman constant）基础上，即职业的声望等级在不同时期和国家间基本不变。社会结构表现为一个差异清晰，且高低排列的职业结构，而职业地位获得和社会流动就是发生在这一结构中的变动。改革开放前，受到国家政治体制和意识形态影响，人们的职业地位面临较大变动，比如"工农兵大学生"，但这一情况在改革开放之后不再出现，职业地位在市场化过程中更趋稳定，表现出与国外趋同的现象。实际上我国国家统计局和国家标准局发布的职业分类标准也是源于国际标准职业分类，并且随后多次修改的总倾向是越来越接近于国际标准职业分类（李强，2011）。据此，我们认为国际社会经济地位指数适用于对中国改革开放后代际流动情况的研究。

第二节　理论分析与研究假设

一　教育扩张与代际流动

教育扩张对代际流动的影响是通过形塑教育和家庭背景在地位获得过程中的作用来实现的，这背后体现的是不同的教育功能观，即教育既有促进社会流动的功能，又有地位再生产的作用。功能主义强调教育在个人社会经济地位获得过程中的作用，并且将其视为教育自身的功能所在。他们认为存在不同的社会位置，每个位置依其功能的不同存在报酬差异，同时社会阶层不是恒定的，社会阶层是一个循环往复的过程，而教育在社会阶层的形成与流动中扮演重要角色（陈彬莉，2007）。以功能主义为根基的人力资本理论，主张人力资本代表人的生产能力，进而决定潜在收入。教育投资是人力资本的核心，通过教育投资可以提高人的生产能力，进而获得丰富的经济回报。

冲突理论批评功能学派难以解释社会上出现的财富或地位世袭等不平等现象。他们强调社会中存在地位再生产机制，社会上层总是要通过建立和维护一整套的社会维持和转换体系，采取相应的技术策略限制社会下层获得优势社会资源的机会，从而使自己群体的优势地位得以最大限度地保持和继承。在这些策略中，教育就是一种重要的策略或工具。首先，教育机构通过能力分班、教育分流等机制引导低学业成就者到职业教育，高学业成就者到大学普通教育，使得低阶层子弟难以接受较高的教育，进而难以获得较高的职业地位，实现上一代所处的阶级地位在其子女身上再次复制（鲍尔斯和金提斯，1989；柯林斯，1998）。其次，学校教育的文凭并不像功能论所言，代表一个人拥有多少与职业有关的知识和技能，而是被视为社会地位价值的象征，成为向上层流动最主要的工具。最后，精英分子为确保其子女继续获得高教育成就，主要的机制就是传递文化资本（cultural capital）。学校教育传递的文化类似主流文化，成为维持和复制社会不平等的工具。

为了便于理论阐释，我们假定在初职社会经济地位获得模型中只包含教育和家庭背景这两个最重要的影响因素（见图 3.1）。教育扩张促进代际流动意味着教育扩张降低了家庭背景在地位获得中的影响，提高了教育在地位获得中的作用。其中，家庭背景对初职社会经济地位的影响包括两个方面：一方面是家庭背景对初职社会经济地位的直接影响（简称 OD 关联），另一方面是家庭背景通过教育对初职社会经济地位的间接影响，包括家庭背景对教育水平的影响（简称 OE 关联）和教育水平对初职社会经济地位的影响（简称 ED 关联）。

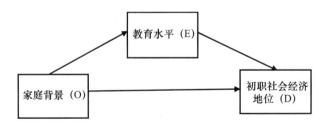

图 3.1　初职地位获得的路径

借鉴 Breen 和 Jonsson（2007）关于教育与社会流动关系的观点，我们同样可以理解教育扩张对代际流动的影响。其中，一种路径是平等化效应（equalization effect）。如图 3.2 所示，假定教育是决定初职社会经济地位的最重要的唯一因素，如果教育扩张使得 OE 关联下降，换句话说，教育扩张促进了教育机会均等，使得教育机会的获取可以摆脱家庭背景的束缚，那么家庭背景与初职社会经济地位之间的关联就会降低，教育扩张自然就会弱化代际效应，促进代际流动。

图 3.2　教育扩张的平等化效应路径

另一种路径是结构化效应（compositional effect）。如果存在家庭背景、教育和初职社会经济地位三者之间的关联，并且 OD 关联在较高教育水平群体中变弱。如图 3.3 所示，当教育扩张增加了总人口中拥有高教育文凭群体的数量时，这种结构性变化将会导致家庭背景与社会经济地位之间的整体关联下降。之所以这样说，是因为总人口中包含了大量比例的拥有较高教育水平的人，而这些人的社会经济地位获得受家庭背景的影响微弱，所以整体来看，家庭背景与初职社会经济地位之间的平均关联就会下降（Breen，2010；Pfeffer 和 Hertel，2015）。

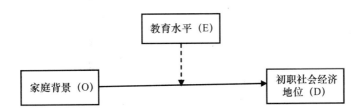

图 3.3　教育扩张的结构化效应路径

在教育扩张背景下，平等化效应可能会抵消结构化效应（Breen 和 Jonsson，2007）。因为即使教育扩张的平等化效应存在，但是由于越来越多的人获得高等教育文凭，高等教育文凭的区分度下降，也可能会使得家庭背景与初职社会经济地位之间的关联在高等教育群体中变强，从而抵消了结构化效应。

　　无论平等化效应还是结构化效应实际上并没有把家庭背景、教育和初职社会经济地位置于同一个框架之中考察教育扩张对代际流动的影响，这也正是当前研究教育扩张对代际流动影响的理论困境之所在（Pfeffer 和 Hertel，2015）。尽管理论上很难找到一个统一的教育扩张影响代际流动的因果逻辑，但是路径分析方法提供了一种在实证中检验这种影响的可能性。如图 3.1 所示，在路径分析中，家庭背景对初职社会经济地位的总影响包括两部分：家庭背景对初职社会经济地位的直接影响（OD）和家庭背景通过教育对初职社会经济地位的间接影响（OE × ED）。因此，我们可以通过教育扩张前后 OD 关联、OE 关联和 ED 关联三者的变化（理论上讲，共存在 27 种可能性，见附表 1）来评价教育扩张对代际流动的影响。如果教育扩张降低了家庭背景对初职地位的总影响，那么我们可以说教育扩张促进了代际流动。

　　综上所述，在评价教育扩张对代际流动的影响时，我们将主要考察教育扩张的平等化效应和结构化效应。同时，由于平等化效应的前提假设是教育是决定初职社会经济地位的最重要的单一因素，原因很简单，如果初职社会经济地位的获得不是由教育决定的，那么降低家庭背景对教育的影响就没有意义了。因此，借鉴 Pfeffer 和 Hertel（2015）的做法，在评价教育扩张对代际流动的影响时，我们也同样考察了教育扩张对教育回报的影响。

二　教育扩张的平等化效应

　　家庭背景对教育的影响实际上是教育机会均等问题。最大化维持不平等理论（Raftery 和 Hout，1993）、有效维持不平等理论（Lucas，2001）和教育不平等的理性行为理论（Breen 和 Goldthorp，1997）告诉我们教育扩张不会带来教育机会均等，甚至会加重这种不均等。

　　最大化维持不平等理论认为教育扩张创造的新的教育机会通常被拥有经济、文化和社会资源优势的社会上层的子女占据，只有当社会上层在某一级别的教育中达到饱和时，这一级别的教育不平等才会下降，否则，教育不平等就会维持下去。有效维持不平等理论则强调即使社会上层在高等教育中达到了饱和，不平等依然不会消失，而是以一种更有效的方式维持，即由数量上的优势转化为质量上的优势，比如与社会下层相比，社会上层争取到更多的教育机会将主要集中在价值较高的教育水平（如大学本科）或者精英大学而不是价值较低的教育水平（如大学专科）或者非精英大学。

如果说上述两种理论观点主要是从客观上说明教育扩张的最终受益者不可能是弱势阶层的话，那么，教育不平等的理性行为理论则从主观上提醒我们弱势阶层"不愿意"去接受更多的教育。该理论假定不同阶层都将教育决策视为他们流动策略的一部分，人们都有"相对风险规避"（relative risk aversion）的倾向，不管来自何种家庭背景，相比实现向上流动，他们都更加关心的是避免向下流动（Breen 和 Goldthorpe，1997；Goldthorpe，2000）。父母努力确保其子女能够获得至少像他们一样有利的阶层位置，因此，低社会经济地位家庭的子女相比来自高社会经济地位家庭的同龄人追求高等教育的动力更弱，因为大学学历对于他们维持其阶层位置并非是必要的（Holm 和 Jaeger，2008）。对于那些父母没有大学学历的年轻人来说，维持阶层位置或避免向下流动的最佳选择是尽快寻找一个薪资工作，而非待在学校中继续学业。

另外，不同家庭出身的子女对教育选择的成本与收益的认识存在差异，从而导致他们的教育激励和理想抱负不一致。对于低社会经济地位家庭出身的子女来说，接受高等教育的感知风险（perceived risk）可能是巨大的，这些风险或成本包括成功的概率、失败的代价、可以从自身家庭背景中获得的资源、伴随教育选择而产生的直接成本和机会成本等（Van de Werfhorst，2002）。与之相反，对于高社会经济地位家庭出身的年轻人来说，他们则更期望待在学校中继续接受高等教育，而且这对于维持他们的阶层位置也是很有必要的（Holm 和 Jaeger，2008）。由于这些原因的存在，往往使得劣势家庭的子女相比优势家庭的子女更少做出继续攻读更高学历教育的决定，哪怕他们的能力水平相当（Van de Werfhors 等，2003；Goldthorpe 和 Breen 2007；Holm 和 Jaeger，2008）。

中国高等教育在扩张之前处于精英主义阶段，高等教育人口数量相对较小，教育扩张虽然在短期内带来了大量的接受高等教育的机会，但是由于社会上层受制于以往高等教育规模的限制，在高等教育机会上远没有达到饱和，因此，这些新增加的机会将主要被社会上层而非社会下层获得。同时，伴随着教育扩张，高等教育成本分担制度开始推行，家庭已经成为高等教育成本分担的主体。高等教育学费对于农村家庭而言，更容易成为他们不可承受的负担,这势必对弱势阶层的高等教育决策产生影响。另外,持续多年的大学生就业难问题同样可能动摇弱势阶层进一步投资高等教育的信心。所以,我们认为教育扩张不仅不会降低不同社会阶层之间的教育机会不均等,反而会加重业已存在的教育机会不均等。据此,我们提出第一个研究假设:

假设1:教育扩张的平等化效应不成立,教育扩张加重了教育机会不均等。

三 教育扩张对教育回报的影响

对于教育回报的变化趋势,社会学中的现代化理论和经济学中基于人力资本理论的技能偏向型技术进步假设(Skill-biased Technological Change Hypothesis)都呈现出积极态度,而基于信号筛选理论的地位竞争理论则持有不同观点。

现代化理论认为随着经济发展、技术进步、工业化和教育扩张,教育等自致性因素将越来越成为个人社会经济地位的决定性因素,而家庭出身等先赋性因素的作用会逐渐消亡。原因来自以下几个方面(Treiman,1970;Ganzeboom 和 Treiman,2007)。第一,技术进步会增加对技能型劳动力的需求。技术革新使得劳动力就业部门逐渐从农业向工业再到服务业转移。这种变化使得职业知识与技能不再能够很容易地从家庭教育中获得,而越来越依赖于正规的学校教育。第二,企业规模不断扩大,招聘、雇佣和内部晋升程序不断变化,雇主开始把教育文凭作为一种筛选工具。第三,人口流动的增加。经济发展创造了很多新的工作机会,并且还可能降低了迁移成本,增加了人口流动。人口自由流动会使人们容易摆脱家庭出身的影响,从而弱化先赋性因素对地位获得的作用。第四,经济增长会降低收入不平等,降低社会群体间的闭合(closure)效应。第五,现代化会促进平等观念广泛传播。在现代社会,平等观念深入人心,人们意识到违背绩效原则,根据种族、性别等先赋性特征选拔人才不仅低效而且不公正。

技能偏向型技术进步假设是指在技术进步模式下,劳动力市场会更加依赖技能水平比较高的劳动力,从而使得拥有较高教育水平的劳动力获得更高的工资水平(Acemoglu,2000)。最初该理论是探讨技术进步与工资不平等之间的关系。1979—1995 年,美国的大学溢价(the college premium），即大学毕业生与高中毕业生的相对工资差距增加了25%，不止于此，实际上整个社会的收入不平等程度都在快速增加。研究者认为正是因为20世纪对技能的需求经历了一个明显加速的过程，这种技能偏向型技术进步导致了始于20世纪70年代末急剧增加的收入不平等，以及在受教育劳动者供给经历不同寻常地快速增加时，教育回报在过去30年中依然增加的现象。具体地说，由市场竞争驱动的技术进步，使得雇主在那些标准化工作上，使用机器逐渐取代教育水平较低的劳动者，这在提高生产力的同时也降低了低教育水平劳动力的市场回报。与此同时，这一过程却使得高教育水平劳动力的技能回报增加，因为他们的工作在竞争日益加剧的经济中，对于管理技术发展、产品技术应用以及市场产品与服务过程变得越来越重要。简言之，拥有较高教育文凭的个体在重视技能竞争的社会经济中将获得丰富回报。

尽管如此，地位或工作竞争理论提供了教育扩张背景下教育回报变化的另一种思路。地位竞争理论源于信号筛选理论（Arrow，1973；Spence，1973；Thurow，1975；李锋亮，2009）对教育作用的独特见解。信号筛选理论认为雇主在劳动力市场中选拔求职者时，在不了解这些人的能力如何时，会通过一些看得见摸得着的个人属性和特点来帮助识别，一类是天生而不能改变的"标识"，如性别、种族和家庭背景等；另一类是后天获得、可以改变的"信号"，如教育程度、婚姻状况和个人经历等。因此，对于一个求职者来说，教育程度是他的能力和信号，而对雇主来说，教育则扮演着一个筛选装置的角色（靳希斌，2004）。教育之所以能起到这种信号作用，是因为一个人的能力与他获得信号所需花费的成本成反比，在其他因素相同的条件下，能力较高的人支付较低的成本就可以获得较高的教育水平。虽然该理论同意人力资本理论把教育程度与工资收入水平看作是正比例关系，即教育程度越高，工资水平越高。但是他们认为这并不是因为教育提高了员工的工作能力或生产力，而是凭借教育的筛选作用实现的。

基于信号筛选理论，地位竞争理论最初的假设是：最好的、最有权势的工作总是留给那些受过最多、最好教育的人，这种关联植根于早期的社会层次化惯例（沃尔特斯，2004）。对于竞争者而言，最重要的是一定要在教育成就上高于其同伴而不一定是真实的教育水平，换句话说，社会位置的高低不是由绝对教育水平决定的，而是取决于相对教育水平。因此，当教育扩张急剧增加了高等教育群体数量的同时，也降低了高等教育的区分度，使得高等教育在雇主那里的信号功能降低，从而导致高等教育社会经济回报的下降。与此同时，高等教育规模不断扩大，将使高中毕业生以及其他没有受过高等教育的劳动者在求职者队伍中相对位置后移，为了在求职者队伍中占据更有利位置，从而获得好工作，他们会继续追求更高层次的高等教育，从而导致"文凭膨胀"（柯林斯，1998），进一步加剧高等教育文凭贬值。另外，教育扩张使得教育系统的选择标准降低，教学质量不如以前，这使得许多低绩效的学生进入高等教育系统之中，高等教育毕业生的平均生产力降低（Walker 和 Zhu，2008）。

正如绪论中所言，改革开放至今，我国的工业化和现代化进程不断加快，使得经济结构、部门结构和职业结构都发生了较大变迁，比如非公有制经济的空前发展、国有企业和事业单位改革、计算机等新兴行业涌现带来了大量新职业岗位的增加（梁玉成，2007），加之 20 世纪 80 年代开始的市场化改革，这些因素使得教育等人力资本在劳动力市场的回报会不断提高。当然，中国高等教育扩张是政府在外部社会经济环境变化的压力之下做出的被动型选择，具有明显的时间压缩性取向（鲍威，2014）。这种扩张虽然短期内增加了高等教育人口的绝对规模，使得中国高等教育由精英阶段迈入了大众化阶段，但它同时也使得在劳动力市场中一下子涌入了过多拥有高等教育文凭的劳动力，降低了高等教育的相对（比如与高中毕业生相比）社会经济地位回报（Gangl，2003；Ganzeboom 和 Luijkx 2004）。因此，教育整体的收益率在教育扩张前后依旧会不断增加（杨惠馨和王海兵，2015），而教育扩张所导致的工资压缩效应主要集中在高等教育群体（何亦名，2009）。据此，我们提出第二个研究假设：

假设 2：教育扩张对教育回报没有显著性影响，教育的初职社会经济回报依然在增加，但是降低了高等教育的相对社会经济地位回报。

四 教育扩张的结构化效应

尽管按照现代化理论的逻辑，与低教育文凭获得者相比，家庭背景对社会经济地位的影响将在高等教育文凭获得者上发生弱化。但是，信号筛选理论暗示我们这种教育扩张的结构化效应可能并不存在。

现代化理论认为现代社会的劳动力市场遵循绩效原则，选择机制很少会是基于个体的先赋性特征，教育水平越高的人越容易凭借自身人力资本优势而非家庭背景占据优越的社会经济位置，换句话说，对于高等教育文凭获得者而言，家庭背景对社会经济地位的影响将首先发生弱化。Hout（1988）最早强调家庭出身对社会经济地位的影响因教育水平而异，他认为大学毕业生的职业地位独立于他们的家庭出身，教育能够克服不利家庭出身的影响。后来这一观点在 Vallet（2004）对法国以及 Breen 和 Luijkx（2007）对德国的研究中被再次证实。

有许多原因可以解释家庭背景效应会在高等教育群体中弱化。第一，在现代社会，高等教育群体所处的劳动力市场更多遵循绩效主义原则，使得家庭背景发挥作用的空间很小（Hout，1988；Breen 和 Jonsson，2007）。第二，关于教育机会均等的研究表明，那些出身较低并且获得高等教育文凭的人在劳动力市场获得丰富回报是正常的，因为他们本身就已经经历了一次正向选择。大学升学考试筛选所看重的特征，诸如能力和动机，本身也是劳动力市场所强调的（Mare，1993；Bernardi，2012）。第三，根据生命历程（life-course）的观点，待在学校时间越长的人，职业生涯开始时间越晚，也意味着越可能摆脱父母的影响和控制。这一观点最早被用来解释家庭出身对教育获得的影响会发生下降，但它同样适用于对职业地位获得的解释（Ganzeboom 和 Treiman，2007）。概括地讲，当高等教育文凭对雇主来说是一个很强的信号，从而使得社会关系的影响发挥空间很小时，或者当这些文凭持有者所面临的劳动力市场更加遵循绩效主义或贤能主义时，这种"差异性关联"（Breen，2010），即 OD 关联在高等教育水平群体中变弱的现象就会出现。

尽管如此，按照信号筛选理论的逻辑，我们认为在教育扩张后，家庭背景对社会经济地位的影响在高等教育群体中不仅不会弱化，反而会增强。教育是雇主识别求职者潜在能力的一种标志，求职者向雇主传递信号，雇主依据信号筛选其认为能力更高的求职者。从雇主的角度来讲，教育只是一种信号，除此之外，还有性别、家庭背景等其他诸多"标识"。当教育扩张使得高教育文凭的拥有者大量增加时，教育的信号功能可能会降低，而教育区分度的降低，将使得雇主无法单纯依靠这一信号筛选出合适的求职者，进而会寻求其他信号，从而为家庭背景等因素的作用发挥创造了空间。当然，雇主也可能追求教育外的其他指标，诸如人际交往能力、沟通能力或团队合作能力等，但是这些能力往往也更容易被优势阶层出身的子女所拥有（Iannelli，2011）。反过来从求职者的角度来看，在教育扩张使地位竞争变得激烈的时候，求职者为了在竞争中脱颖而出，在社会位置上谋取优势，也会积极地向雇主传递其家庭背景的"标识"，抑或直接利用家庭背景在地位获得中占据优势。实际上，正如 Golthorpe（2014）所说的那样，没有一个决定性的实证证据支持家庭背景与社会经济地位之间的关联存在普遍弱化的趋势，有的实证研究（Torche，2011）甚至发现，在研究生群体中，家庭背景效应依然存在。

中国正处于转型阶段，劳动力市场尚未建立完善的竞争机制，客观上为家庭背景发挥作用留下了广阔的空间。在子代竞争流动机会的表象下，很可能是其家庭资源禀赋的竞争。教育扩张使得高等教育群体同样面临这一问题，比如在对大学毕业生颇具吸引力的国有部门中，虽然有明确的学历文凭要求，但是，它很可能只是起着"门槛"的作用。因为在教育扩张使得具备这种资格的人有很多的情况下，真正决定个人能否最终获得这一位置的因素可能是诸如父亲的权力资源、社会关系等家庭背景。高等教育是帮助社会成员进行社会流动的重要机制而不是唯一机制，教育扩张背景下的高等教育的社会选择功能将依然呈现出明显的地位再生产趋势（吴坚，2012）。据此，我们提出第三个研究假设：

假设 3：教育扩张的结构化效应不成立，家庭背景始终是影响个人社会经济地位的重要因素，并且这种影响在高等教育群体中不会发生弱化。

结合以上三个假设，虽然教育扩张不会降低整体教育的社会经济回报，但是教育扩张的平等化效应和结构化效应都不显著。一方面，教育扩张没有降低教育机会不均等，甚至加重了这种不均等；另一方面，有理由相信家庭背景对初职社会经济地位的影响在高等教育群体中依然存在，并未较非高等教育群体更加弱化。因此，总体来看，教育扩张无法带来代际流动的改善。据此，我们提出第四个研究假设：

假设 4：教育扩张没有显著改善代际流动。

五　扩张后不同阶层的教育策略选择

教育具有社会流动和地位再生产的双重功能。在教育扩张后，为了维持阶层优势或实现向上流动，不同的社会阶层存在不同的教育策略选择。对此，我们可以从 Goldthorpe（2000）的流动策略观点和 Lucas（2001）的有效维持不平等理论中获得启示。

不管人们来自何种社会经济背景，他们的首要目标是达到其父母所在的阶层，其次才是实现向上流动（Breen 和 Goldthorpe，1997；Holm 和 Jaeger，2008）。Goldthorpe（2000）认为存在两种截然不同的流动策略：始于下面（from below）和始于上面（from above）。在广泛被弱势阶层使用的"始于下面"的流动策略中，阶层维持和向上流动两个目标之间存在冲突，不同目标所对应的教育决策是不一致的。例如，技术工人阶层（skilled manual working-class）出于实现阶层维持的目标，最优策略是中学接受职业教育，并尽早离开学校去工作。但是，如果他们想比其父母获得更高的社会位置，他们至少应该延长待在学校的时间，在中学首选普通教育，以便将来在高中或大学阶段接受职业教育。在"始于上面"的流动策略中，恰恰相反，阶层维持和向上流动所对应的教育决策是一致的。对于来自公务阶级（service-class）的子女而言，他们所需要做的就是追求更高的教育文凭以便进入公务阶级。简言之，不同社会阶层存在不同的流动策略。

这一流动策略表现在高等教育上，社会下层往往更容易适可而止，放弃接受更高学历层次的教育，比如研究生教育，以便尽早进入劳动力市场。在专业选择时，他们更愿意选择在求职时能够让他们容易摆脱家庭背景束缚的技术类专业，而非人文社科类专业，这就是所谓的专业差异性假设（Hansen，1996；Hansen 和 Mastekaasa，2006；Jackson 等，2008）。原因有三点：首先，技术性专业被视作"向上流动的渠道"（Davies 和 Guppy，1997），在技术型企业的人才招聘和分配过程中，文化资本不大可能产生重要影响；其次，对技术类专业需求的职业类型往往很少需要诸如社交与语言技能、个人风格等这些主要来自家庭培养的东西。最后，技术类专业相对而言职业导向更明确，类似一个"安全网"，使得他们在学业失败不能获得向上流动的机会时也能凭借一技之长避免坠入社会最底层。

相反，优势阶层则更愿意追求更高学历水平的教育，从专科文凭到本科文凭，直至研究生文凭。在专业选择时，优势阶层面临更多的选择。这种专业选择至少存在三种思路：一是选择拥有较高声望，富有吸引力的专业，通常是指在劳动力市场上能够带来丰富经济回报的专业，比如工学、计算机科学和经济学，而非人文科学（Gerber 和 Schaefer，2004）。二是优势家庭出身的学生更倾向于选择那些能使他们更容易获得高学历或者攻读研究生的专业，这被认为是关于专业领域与代际流动关联的最确切结论（Torche，2011）。三是选择那些与其父母出身相似，能够最大化其家庭背景影响力的专业领域（Goldthorpe，2000），如人文学科。这一点也得到了布尔迪厄和帕斯隆（2002）的文化再生产理论的支持。他认为雇主并非把教育作为识别求职者技能与胜任力的信号，而是用它来寻找拥有良好家庭背景或品位的求职者。那些人文科学、社会科学专业的求职者是在不断增强自身的文化资本，并以此向雇主展现其文化知识与品位，表明他们更有可能来自高社会阶层。

有效维持不平等理论认为，随着教育扩张，越来越多的人接受高等教育，教育水平已经变得不再能够做到差异性的区分，优势阶层开始把他们的注意力转向教育的水平（horizontal）差异（Mastekaasa，2011），除了专业选择（Erikson 和 Jonsson，1998；Goldthorpe，2000；Van de Werfhorst，2002），还有学校选拔性，比如选择精英大学。在我国高等教育扩张背景下，优质教育获得已经成为精英阶层实现社会地位再生产的一个重要机制（杨江华等人，2014），因为相比重点大学，非重点大学所提供的可能更多是一种"生存教育"，而非"地位教育"（孙艳霞和袁桂林，2009）。据此，我们提出第五个研究假设：

假设 5：教育扩张后，不同社会阶层存在不同的教育策略选择。弱势阶层更多集中在学校选拔性低的学校和求职时比较容易摆脱家庭背景束缚的理工类专业，而优势阶层的选择策略更加多元化。

第三节　数据来源与变量选择

一　数据来源①

本书的数据来源于中国综合社会调查数据库和中国高校毕业生抽样调查数据库。其中，中国综合社会调查（Chinese General Social Survey，简称 CGSS）是由中国人民大学社会学系与香港科技大学调查研究中心于2003 年开始推进的中国内地综合社会调查项目，在项目具体执行过程中，还有南开大学、南京大学和武汉大学等其他学术单位的参与。项目以研究和揭示中国社会分层结构演变的现状和趋势，提升中国社会科学研究可持续发展能力为主要目标。截至目前，该项目共开展了 9 次调查，分别是

---

① 本书使用数据部分来自中国人民大学中国调查与数据中心主持的"中国综合社会调查（CGSS）"项目。笔者感谢此机构及其人员提供的数据协助。

2003 年、2004 年、2005 年、2006 年、2008 年、2010 年、2011 年、2012 年和 2013 年。除由中国国家统计局负责执行的 2004 年调查外，其余年份数据皆为公开发布数据。课题组根据行政区划资料，把全国 2801 个区县单位（不含港澳台地区）作为调查总体，将其划分为三大直辖市市辖区、省会城市市辖区、东部地区区县、中部地区区县和西部地区区县 5 个抽样框，采用分层四阶段不等概率抽样，每年抽取样本总量约为 10000 个。具体地说，第一阶段选取初级抽样单位（区、县）：直辖市市辖区的区县单位选取采用简单随机抽样的方式，其他抽样框中则依据所处地区、教育水平、市辖区人口规模以及城乡样本预设比例等因素选取；第二阶段选取街道、乡镇：考虑 18 岁以上居民的规模，采用不等概率抽样；第三阶段选取居/村民委员会：在每一个选取的街道或乡镇中，通过不等概率抽样随机选取两个居民委员会或村民委员会，这一步采用与第二阶段同样的步骤；最后一个阶段是抽取家庭住户并在每户中确定一人为最终单位。在抽中的居/村民委员会中按照人口普查摸底手册进行等距系统抽样，确定家庭住户，然后在已确定家庭住户中，随机抽取一位年龄 18 岁以上，在本户内已居住或将居住一年以上的人为调查对象。由于 2003 年调查只有城镇样本，2004 年数据未公开无法获得，2010—2013 年调查未涉及被访者的初职信息，因此，本书只使用了 2005 年、2006 年和 2008 年的调查数据（以下简称 CGSS2005—2008）。

中国高校毕业生抽样调查数据库是由北京大学教育学院的"高等教育规模扩展与劳动力市场"课题组针对全国应届高校毕业生就业情况的抽样调查数据（以下简称 GSE2003—2013）。课题组从高等教育扩张后第一届毕业生的就业年（2003 年）开始，每两年进行一次调查。截至目前，共开展了六次调查，分别在 2003 年、2005 年、2007 年、2009 年、2011 年和 2013 年。每次调查对象涵盖 7—16 个省份，2 万左右毕业生样本，学校类型包括"985 工程"重点高校、"211 工程"重点高校、一般本科院校、高职高专院校、民办高校和独立学院，同时样本学校选取时考虑东、中、西地区经济发展水平，因此，该调查样本对全国高校毕业生就业情况具有一定代表性。2003 年和 2005 年的调查问卷将毕业生去向划分为已经签约、已确定单位等待签约、准备从事自由职业或自主创业、等待接受单位的最后答复、尚未找到接收单位、虽有愿意接受的单位但自己不想去、准备升学或出国、申请不就业以及其他九大类；而 2007 年、2009

年、2011 年和 2013 年略有不同，共划分为已确定单位、升学（国内）、出国出境、自由职业、自主创业、其他灵活就业、待就业、不就业拟升学、其他暂不就业和其他十大类。我们的主要分析对象为已确定单位群体，在 2003 年和 2005 年的调查中是指已经签约群体和已确定单位等待签约群体两类，在 2007 年及之后调查中是指已确定单位群体。

二　变量选择

本书关注的核心变量是初职的社会经济地位。国际学者广泛采用的社会经济地位的衡量标准是国际社会经济地位指数（ISEI）。但是如前所述，由于该评价指标是基于世界上许多国家的职业地位构建的，某些方面可能并不太适合中国的情况，所以，我们同时使用初职的职业获得情况来作为补充。另外，收入是社会经济地位的重要指标。遗憾的是，囿于数据，我们只能对毕业生的初职起薪进行研究。因此，本书的因变量共有三个，分别是初职社会经济地位指数、初职职业获得和初职起薪。

1. 初职社会经济地位指数

CGSS2005—2008 数据库对被访者及其家庭成员的职业经历进行了详细调查，并采用中国国家标准职业分类（Chinese Standard Classification of Occupations，简称 CSCO）进行编码。为了便于比较，首先我们统一将 CSCO 编码转换为 1988 年国际标准职业分类编码，进而将其转换成相对应的国际社会经济地位指数（ISEI）。尽管以往研究曾经证明，中国的职业地位受到单位体制的影响，个人间的不平等受到单位间不平等的调节（林南、边燕杰，2002）。但是借鉴李强（2005）的做法，考虑到一方面随着市场经济的发展，单位地位对于个人地位的影响力已经大大下降了；另一方面由于当前众多新型单位的涌现，已经很难分辨单位地位的高低。如果用单位地位去修正，反而会造成更大的误差。因此，在转换为国际社会经济地位指数（ISEI）时，没有采用单位地位进行调节。该变量在 GSE2003—2013 数据库中未涉及。

2. 初职职业获得

测量指标是被访者是否从事管理技术类职业，参照组是非管理技术类职业。CGSS2005—2008 数据库采用的是第五次全国人口普查所使用的职业分类与代码表，被访者的职业类型包括国家机关、党群组织、企业、事业单位负责人、专业技术人员、办事人员和有关人员、商业与服务业人员、农林牧渔和水利业生产人员、生产、运输设备操作人员和有关人员以及其他。我们把国家机关、党群组织、企业、事业单位负责人、专业技术人员归类为管理技术类职业，把除其他之外的其他职业归类为非管理技术类职业。

GSE2003—2013数据库询问了毕业生的初职职业类型或工作内容。由于调查口径在2013年前后稍有差异，本书的具体做法是：在2013年调查中，管理技术类职业包括国家机关、党群组织和事业单位管理人员、企业管理人员以及专业技术人员；非管理技术类职业包括办事人员和有关人员、商业和服务人员、农林牧渔民和水利业生产人员以及生产、运输设备操作人员和有关人员。而在之前年份的调查中，管理技术类职业包括行政管理工作、企业管理工作和专业技术工作；而非管理技术类职业包括技术辅助工作、服务工作、工人、农林牧渔民。参照组都是初职为非管理技术类职业。

3. 初职起薪

该变量只存在于GSE2003—2013数据库中，主要是指截至问卷调查时（一般为6月），毕业生在已确定的工作单位中的平均税前月收入。数据为连续变量，单位是人民币元。

自变量主要包括被访者的受教育情况和家庭背景。其中，受教育情况主要是指教育水平和专业领域；家庭背景的替代变量是父亲的社会经济地位、职业类型、父母亲的受教育情况和家庭收入。

1. 教育水平或受教育年限

不同调查对被访者的教育水平做了不同分类，大致包括以下几个类别：未受过正式教育（文盲或半文盲）、私塾、小学（初小或高小）、初中、职业高中、中专及技校、高中、大专（全日制或非全日制）、大学（全日制或非全日制）和研究生。为了便于对比分析，我们统一将被访者的教育水平合并为六个类别：小学及以下、初中、高中（包括职高、中专和技校）、大专、本科和研究生，参照组为高中。同时，我们也把类别变量的教育水平，根据其对应的受教育年限，转化为连续变量。具体地说，不识字或未受正式教育、私塾、小学、初中、高中、大专、大学和研究生的受教育年限依次为0、3、6、9、12、15、16和19。需要说明的是，在CGSS2005—2008数据库中由于研究生样本过少，故我们没有将其纳入分析范围。

2. 专业领域

该变量只存在于GSE2003—2013数据库中。根据教育部的学科门类划分标准，研究生和本科生的学科门类分为哲学、经济学、法学、教育学、文学、历史学、理学、工学、农学、医学、军事学和管理学 12 个学科门类。专科生采用 19 个专业大类的划分方法，为了便于比较，我们将其统一合并到 12 个学科门类中。鉴于军事学的特殊性，我们没有将其纳入分析范围。在具体分析时，考虑到学科之间的相似性，同时结合以往研究的处理方法（岳昌君等，2004），我们将剩下的 11 个学科门类归类为五组，分别是文史哲、经济学/管理学、教育学/法学、理学/工学以及农学/医学，并以理学/工学为参照组。

3. 父亲的社会经济地位指数

在 CGSS2005—2008 数据库中，被访者父母的社会经济地位指数的测量方法和编码规则与被访者本人一致。我们同样将其转换成相对应的国际社会经济地位指数（ISEI）。需要说明的是，这里的父亲社会经济地位指数在 2006 年数据中是指被访者 18 岁时父亲的职业情况，而在其他年份调查中则是指被访者 14 岁时父亲的职业情况。以子代年轻时父代的职业情况作为父代社会经济地位的做法，也符合国际代际流动研究的通行做法。

4. 父亲的职业类型

本书中父亲的职业类型是指父亲是否从事管理技术类职业。在 CGSS2005—2008 数据库中，父亲的职业类型的测量方式同被访者一致。因此，我们依据前述标准，同样把父亲的职业获得划分为两类：管理技术类和非管理技术类。在 GSE2003—2013 数据库中，没有详细询问毕业生父母的具体职业，而只是粗略地统计了不同的职业类型。具体地说，管理技术类职业包括行政管理人员、各类经理人员和专业技术人员，非管理技术类职业包括机关、企业、事业单位办事人员、个体工商人员、商业服务人员、私营企业主、工人、农村进城务工人员和农林牧渔民等。参照组都是父亲职业为非管理技术类。

5. 父母亲的受教育年限

问卷对被访者父母亲的教育水平的分类和被访者一致。虽然我们在样本描述时将被访者父母的教育水平划分为四个类别：小学及以下、初中、高中和大专及以上，但是，在模型分析时，我们把被访者父母亲的教育水平作为连续变量处理，即转换为其相对应的受教育年限。需要说明的是，父母亲的教育水平在 CGSS2005 数据库中是指被访者 14 岁时父母亲的受教育情况，而在其他年份调查中则是指截至问卷调查时被访者父母亲的最高受教育程度。

6. 家庭年收入

家庭收入是家庭背景的一个重要指标。在 GSE2003—2013 数据库中（2003 年除外），不同年份调查对家庭收入的测量标准并不一致。为了便于分析，我们统一将其整理为高家庭收入、中家庭收入和低家庭收入三类。具体做法是，2007 年调查了毕业生的家庭年收入，我们把家庭年收入在 5 万元以下归为低家庭收入、5 万元至 10 万元归为中家庭收入、10 万元以上归为高家庭收入；而在其余年份调查了毕业生的家庭人均年收入，我们把家庭人均年收入 1 万元及以下归为低家庭收入、1 万元至 5 万元为中家庭收入、5 万以上属于高家庭收入。模型分析时以低家庭收入作为参照组。

7. 家庭的社会联系

借鉴社会资本和社会网络的观点，本书同样考察家庭的社会资本对被访者初职社会经济地位的影响。GSE2003—2013 数据库（2003 年除外）统计了高校毕业生对自己家庭社会联系广泛程度的评价，包括非常广泛、广泛、一般、少和非常少五类，在具体分析时，我们把前两项合并为广泛，后三项合并为非广泛，以家庭社会联系非广泛为参照组。

控制变量包括被访者的性别、户籍、年龄和年龄的平方项等人口统计学变量、影响毕业生初职社会经济地位的其他人力资本变量、学校所在地区和学校选拔性等学校特征变量，以及就业单位所在城市和就业部门类型等因素：

1. 人口统计学变量

包括被访者的性别、年龄和年龄的平方项等。其中，性别以男性为参照组。

2. 户籍

依照社会流动研究中的通常做法，在使用户籍变量时，一般将被访者小时候父母亲的户口类型作为影响被访者工作生活机会的最佳指标。但是我们的调查数据只在个别年份允许我们这样做。具体地说，在 CGSS2005 和 CGSS2008 数据库中是指被访者在问卷调查时其母亲当前的户口类型；而在 CGSS2006 数据库中指被访者 18 岁时母亲的户口类型。在 GSE2003—2013 数据库中，替代变量是被访者高考时的家庭所在地。其中，把家庭所在地为省会城市或直辖市、地级市以及县级市或县城的毕业生归类为城市户籍，而把家庭所在地为乡镇或农村的毕业生归类为农村户籍。

3. 其他人力资本变量

在 GSE2003—2013 数据库中，除了包含毕业生的学历层次外，还调查了其他人力资本变量，比如是否担任过学生干部（以未担任过学生干部为参照组）、是否获得过奖助学金（以未获得过奖助学金为参照组）、学业成绩的班内排名（分为班内排名前 25%、班内排名 25%—50% 和班内排名后 50%，以班内排名后 50% 为参照组）、是否为辅修生或双学位（以非辅修生或双学位为参照组）、是否获得过英语水平证书（以未获得英语水平证书为参照组）和是否为中共党员（以非中共党员为参照组）。

4. 学校所在地区

学校所在地区分为东部地区、中部地区和西部地区，以中部地区为参照组。不同省份因经济发展不平衡和历史原因等，在高校层次和办学水平上存在明显差距，比如北京、上海和江苏等省市的高校在办学水平和层次上要远高于安徽、河南和内蒙古等省份，并且学校所在地区的影响在一定程度上会转化为学校层次对毕业生工作找寻的影响，尽管这种转化相比其他因素并不是十分明显，但却客观存在。因此，有必要控制学校所在地对毕业生就业结果的影响。

5. 学校选拔性

学校选拔性分为重点大学、一般高校和高职高专三类，以高职高专为参照组。不同级别的学校在国家资源的获取或占有上存在明显差异，这种差异会反映在高等教育的"产品"——毕业生的质量上。中国高等教育扩张的主体是以本、专科教育为主的地方院校和民办院校，对于依然保持精英主义教育的重点大学，其毕业生可能在地位获得上更加富有优势（鲍威，2014）。正如孙艳霞和袁桂林（2009）所言，非重点大学所提供的可能更多是一种"生存教育"，而不是"地位教育"。

6. 就业地

在 GSE2003—2013 数据库中把毕业生初职的就业地点划分为五类，分别是省会城市或直辖市、地级市、县级市或县城、乡镇以及农村。为了分析方便，我们将前两项合并为大中城市，后三项合并为非大中城市，并以就业单位所在地为非大中城市作为参照组。

7. 就业部门类型

经济学中劳动力市场分割的观点提醒我们考察教育的社会经济地位回

报需要考虑到部门差异，比如国有部门或非国有部门、公共部门或私有部门等。刘精明（2006）认为忽略劳动力市场分割，笼统地说"市场化导致人力资本收益提高"并不准确，因为各部门人力资本收益率的变化并不与市场化过程相一致。CGSS2005—2008 数据库调查了被访者的工作单位性质，包括党政机关、国有企业、国有事业单位、集体企事业单位、个体经营、私营或民营企事业、三资企业以及其他。我们把党政机关、国有企业和国有事业单位归类为国有部门，把除其他之外的单位类型归为非国有部门。而在 GSE2003—2013 数据库中，国有部门包括国家机关、国有企业、科研单位、高等学校、中小学、医疗卫生单位和其他事业单位；非国有部门包括私营企业（民营、个体）、三资企业、乡镇企业和其他企业等。模型分析时以就业单位为非国有部门作为参照组。

　　最后，为了便于直观了解，所有变量整理如表 3.1 所示。

表 3.1　　　　　　　　　　　　　　变量列表

	CGSS2005—2008	GSE2003—2013
因变量	初职社会经济地位指数（连续变量）	—
	初职职业获得（是否从事管理技术类职业，以非管理技术类职业为参照组）	初职职业获得（是否从事管理技术类职业；以非管理技术类职业为参照组）
	—	初职起薪（连续变量；取对数）
自变量	教育水平（分类和连续变量；包括小学及以下、初中、高中、大专和本科；以高中为参照组）	教育水平（包括专科、本科和研究生；以本科为参照组）
	—	专业领域（包括文史哲、经济学/管理学、教育学/法学、理学/工学和农学/医学；以理学/工学为参照组）
	父亲的社会经济地位指数（连续变量）	—
	父亲的职业类型（是否从事管理技术类职业；以非管理技术类职业为参照组）	父亲的职业类型（是否从事管理技术类职业；以非管理技术类职业为参照组）
	父亲的受教育年限（连续变量）	父亲的受教育年限（连续变量）
	母亲的受教育年限（连续变量）	母亲的受教育年限（连续变量）
	—	家庭收入（包括高、中和低家庭收入；以低家庭收入为参照组）
	—	家庭的社会联系（包括广泛和非广泛，以非广泛为参照组）

	CGSS2005—2008	GSE2003—2013
控制变量	性别（以男性为参照组）	性别（以男性为参照组）
	户籍（母亲的户籍类型；以农村户籍为参照组）	户籍（高考时家庭所在地；以农村为参照组）
	年龄	—
	年龄的平方项	—
	中共党员（以非中共党员为参照组）	中共党员（以非中共党员为参照组）
	—	学业成绩班内排名（分为班内排名前25%、班内排名前25%—50%和班内排名后50%；以班内排名后50%为参照组）
	—	获得过奖助学金（以未获得过奖助学金为参照组）
	—	辅修生或双学位（以非辅修生或双学位为参照组）
	—	有英语水平证书（以没有英语水平证书为参照组）
	—	担任过班干部（以未担任过班干部为参照组）
	—	就业部门类型（分为国有部门和非国有部门；以就业单位在非国有部门为参照组）
	—	就业地为大中城市（以非大中城市为参照组）
	—	学校选拔性（分为重点大学、一般高校和高职高专三类；以高职高专为参照组）
	—	学校所在地区（分为东部地区、中部地区和西部地区；以中部地区为参照组）

注：未附加说明的变量都是分类变量。

第四章

教育扩张前后代际流动的变化趋势*

本章主要目的是分析教育扩张前后代际流动的变化趋势，试图回答教育扩张是否带来了更多的代际流动。借鉴同期群的方法，我们依据被访者的出生年龄，以 10 年为间隔划分了 5 个出生同期群（以下简称"同期群"），其中处于教育扩张后的同期群有一个（以 18 岁上大学来算），即 1980—1989 年，而处于扩张前的同期群有四个，分别是 1970—1979 年、1960—1969 年、1950—1959 年和 1940—1949 年。由于 1960 年之前出生的群体基本是在改革开放之前参加工作的（以 18 岁参加工作来算），他们的地位获得更多受到国家政治制度和意识形态变化的影响，相对更加复杂，因此，我们在实证分析时只选取 1960—1979 年出生群体作为教育扩张前的参照对象。尽管如此，在结果汇报时，我们一并提供了所有同期群的结果数据，以便将来做进一步分析。

根据前面的理论分析和假设，本章的操作性研究假设是：

操作性研究假设 1：与教育扩张前的 1960—1969 年同期群和 1970—1979 年同期群相比，教育扩张后的 1980—1989 年同期群的代际关联系数存在显著性差异。

本章的主要内容包括五个部分：第一节是样本描述；第二节是研究模型；第三节是代际绝对流动的变化趋势；第四节是代际相对流动的变化趋势；第五节是本章小结。

第一节　样本描述

本章的数据来源是中国综合社会调查（CGSS）2005 年、2006 年和

---

* 本章与第五章内容整理后曾发表在《社会》（CSSCI）2016 年第 6 期。

2008 年的调查数据。表 4.1 是研究样本的基本情况描述。从性别比例来看，男性低于女性。在政治面貌上，有 10.1% 的被访者是党员，而被访者父亲是党员的比例相对较高，为 12.3%。从户籍来看，被访者来自非农户籍比例相对高于农村户籍，但是被访者母亲来自农村户籍的比例更高。从教育水平来看，被访者的教育水平明显高于其父母，有 34.7% 的被访者的教育水平在高中及以上，而同样的学历水平，被访者父亲和母亲所占比例只有 11.1% 和 5.2%。从初职的单位类型来看，被访者在国有部门（58.3%）工作的比例要明显高于非国有部门，但是，值得注意的是，从现职的单位类型来看，被访者在非国有部门工作和国有部门工作的比例基本相近。这意味着有一部分被访者在职业生涯中经历了由国有部门向非国有部门的职业流动。从初职的职业类型来看，绝大多数的被访者都从事非管理技术类职业，从事管理技术类职业的比例只占 19.8%，但是，从现职的职业类型来看，从事管理技术类职业的被访者比例增加到 27.0%，这是由于有一定比例的被访者在职业生涯中经历了职业地位的提升。从被访者父母亲的职业情况来看，被访者的父亲来自非国有部门的比例相对较高，达到 69.5%，且从事管理技术类职业的比例稍高于其子女，但是明显高于被访者的母亲。

表 4.1　　　　　　　　　　　　CGSS 样本的描述统计

		被访者		被访者的父亲		被访者的母亲	
	维度	数量	百分比（%）	数量	百分比（%）	数量	百分比（%）
性别	男性	12496	47.1	—	—	—	—
	女性	14027	52.9	—	—	—	—
党员与否	否	23839	89.9	20268	87.7	—	—
	是	2684	10.1	2834	12.3	—	—
户籍	非农户籍	14388	54.3	—	—	8418	38.5
	农村户籍	12097	45.7	—	—	13472	61.5
教育水平	小学及以下	9069	34.2	16831	73.4	19449	84.9
	初中	8220	31.0	3556	15.5	2268	9.9
	高中	6040	22.8	1901	8.3	966	4.2
	大专*	1935	7.3	646	2.8	230	1.0
	本科及以上	1228	4.6	—	—	—	—

续表

维度		被访者		被访者的父亲		被访者的母亲	
		数量	百分比（%）	数量	百分比（%）	数量	百分比（%）
初职单位类型**	初职在非国有部门	2746	41.7	2901	30.5	—	—
	初职在国有部门	3839	58.3	6601	69.5	—	—
初职职业类型***	初职为非管理技术类	14658	80.2	12061	78.3	9729	87.0
	初职为管理技术类	3609	19.8	3344	21.7	1450	13.0
现职单位类型	现职在非国有部门	6563	48.3	—	—	—	—
	现职在国有部门	7017	51.7	—	—	—	—
现职职业类型	现职为非管理技术类	13927	73.0	—	—	—	—
	现职为管理技术类	5146	27.0	—	—	—	—
同期群	1980—1989 年	3490	14.1	—	—	—	—
	1970—1979 年	5584	22.5	—	—	—	—
	1960—1969 年	6674	26.9	—	—	—	—
	1950—1959 年	5440	21.9	—	—	—	—
	1940—1949 年	3605	14.5	—	—	—	—

注：* 表示父母亲的教育水平为大专及以上；** 表示父亲的单位类型是子女出生或 14 岁时父亲的单位类型；*** 表示父亲的职业类型是子女出生或 14 岁时父亲的职业类型。

数据来源：CGSS2005、CGSS2006 和 CGSS2008。

根据被访者的出生年份，以 10 年为间隔，将其划分为 5 个出生同期群，分别是 1980—1989 年、1970—1979 年、1960—1969 年、1950—1959 年和 1940—1949 年。其中，1960—1969 年同期群所占样本比例最高，达到 26.9%，最低的是 1980—1989 年同期群和 1940—1949 年同期群，所占比例基本相当。图 4.1 呈现了不同同期群的样本特征情况。当把教育水平转换成连续性数值后，可以看出，被访者的受教育年限明显高于被访者父亲的受教育年限，最低的是被访者母亲的受教育年限，这一现象在不同的同期群中具有一致性。并且，从最早的 1940—1949 年同期群到最晚的 1980—1989 年同期群，被访者和被访者父母的受教育年限都在提高，表明随着时间的变化，中国居民的教育水平在不断提高。与之前同期群相比，对于 1980—1989 年同期群而言，被访者与其父母之间的教育差距在减小，也能说明这一问题。由于社会经济地位指数表示的是一个相对概念，因此，其均值的变化并无实际意义。但是，可以大致看出，被访者的初职和现职的社会经济地位指数基本高于其父母的社会经济地位指数。这与结构性社会流动的基本观点相吻合。因为随着经济发展和技术进步，更多新的管理技术类职业得以涌现。

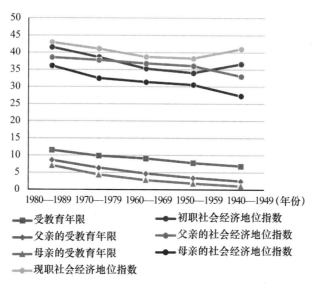

图 4.1　分同期群的样本特征描述

数据来源：CGSS2005、CGSS2006 和 CGSS2008。

第二节　研究模型

代际流动可分为绝对流动和相对流动，或者绝对差异和相对差异（Iannelli，2011）两类。绝对流动一般使用绝对数值或百分比，相对流动一般使用比率、机会比率或者更复杂的对数模型表示。绝对流动可以看出个体经历的相似性和更广义上所说的社会的开放程度。但是，它并不能反映出社会阶层不平等的变化情况，因为即使在向上流动机会变得更广泛的情况下，相对差异可能依然存在。代际相对流动可以反映出各个社会阶层的开放程度以及是否存在阶层固化现象。以高等教育获得为例，高等教育扩张可能使得所有阶层接受高等教育的机会都增加，包括社会下层，这有可能降低社会上层和社会下层之间在教育获得上的绝对差异，但是也有可能并未改变不同阶层在高等教育获得上的相对差异，即与社会下层相比，社会上层有更高的概率获得高等教育。

　　对于代际绝对流动，一般使用简单的流动表或列联表进行分析；而对于相对流动则需要引入包含对数形式的流动模型。我们借鉴以往学者（高勇，2008；鲍威斯和谢宇，2009）研究代际流动的方法，尝试构建了本研究的代际流动模型。本书从最基本的条件独立模型开始，依次构建关联效应不变模型、包含对角线的 Unidiff 模型和不包含对角线的 Unidiff 模型。每个模型的形式和含义如下所示。

　　模型（1）：条件独立模型

　　如果父代与子代间完全不存在关联关系，那么模型将有如下形式：

$$\ln F_{cfs} = \mu + \mu_c^C + \mu_f^F + \mu_s^S + \mu_{cf}^{CF} + \mu_{cs}^{CS} \tag{4.1}$$

　　其中，F_{cfs} 为期望频数，$c = 1, 2, 3$；$f = 1, 2, 3$；$s = 1, 2, 3$。C 表示同期群；F 表示被访者父亲所处的社会阶层；S 表示被访者的社会阶层。因此，μ_c^C、μ_f^F 和 μ_s^S 为边缘效应。μ_{cf}^{CF} 表示父亲的社会阶层与被访者所处同期群的二阶交互作用，μ_{cs}^{CS} 表示被访者的社会阶层与其所处同期群的二阶交互作用。相对于饱和模型而言，上述模型缺失父代与子代变量间的二阶交互作用，以及父代、子代和同期群之间的三阶交互作用，因此模型背后的前提假定是父代与子代不存在任何关联。

　　模型（2）：关联效应不变模型

　　在条件独立模型中加入被访者父亲的社会阶层与被访者所处社会阶层的二阶交互项（μ_{fs}^{FS}），模型变为：

$$\ln F_{cfs} = \mu + \mu_c^C + \mu_f^F + \mu_s^S + \mu_{cf}^{CF} + \mu_{cs}^{CS} + \mu_{fs}^{FS} \tag{4.2}$$

　　这一模型背后的假定是，父亲的社会阶层与被访者所处社会阶层之间存在关联，但是父代、子代和同期群之间的三阶交互作用仍然不存在，换句话说，父代与子代之间的关联关系在不同的同期群之间不存在差异性。

　　模型（3）：Unidiff 模型

　　为了研究代际流动中相对机会的变化趋势，Xie（1992）以及 Erikson 和 Goldthorpe（1992）几乎同时提出了对数可积层面效应模型。该模型假定不同的时间段下所有的优比值都将会朝同一方向统一地变动，因此也被称为 Unidiff 模型。此模型的基本形式可以表示如下：

$$\ln F_{cfs} = \mu + \mu_c^C + \mu_f^F + \mu_s^S + \mu_{cf}^{CF} + \mu_{cs}^{CS} + \mu_{fs}^{FS} + \beta_c \, \varphi_{fs} \tag{4.3}$$

　　其中，β_c 参数为层面得分（level scores），φ_{fs} 参数也被称为行列关联得分（RC association scores）。该模型实际上把每个对数优比分解为两个部分的乘积，即 φ 参数和 β 参数，前者代表在每个同期群中都保持不变的一般流动模式；而后者表示在每个同期群中可能存在差异的流动强度。我们假定第一个同期群中的 β 值为 1，那么如果下一个同期群的 β 值小于 1，则表明在该同期群，所有的对数优比都朝 0 移动了，父代与子代之间的关联变得比前一时间段更弱了，换句话说，代际流动变强了，反之亦然。

模型（4）：Unidiff 模型（控制对角线）

在行与列变量具有一致性的流动表中，对角线上的单元格一般都比较大。社会分层与社会流动领域的研究者把流动表中这种沿对角线单元格聚集的倾向称为继承效应。由于这些较大的对角线单元格对独立模型的欠佳拟合贡献巨大，因此，研究者往往感兴趣的是控制对角线单元格后，其余部分是否满足独立性假设，这也被称为准独立模型（Quasi-in-dependence model）（鲍威斯和谢宇，2009）。基于此，我们同样设置控制对角线后的 Unidiff 模型，以考察排除继承效应外，代际流动在不同的同期群之间的变化趋势。

第三节　代际绝对流动的变化趋势

在考察代际流动的变化趋势之前，我们对被访者及其父亲各自所处的社会阶层进行了简单划分。社会阶层是基于决定收入、健康和财富等生活机会的具体职业资产而划分的替代性目标分类（Grusky 等，2006）。阶层分类并非一成不变，会受到诸如技术进步、劳动力市场和福利政策等经济和制度因素的影响。国际上比较常用的分类标准是结合 Erikson 等（1979）、Ganzeboom 等（1992）和国际劳工组织（ILO，1990）的十分类法，具体包括高级管理者（higher controllers）、低级管理者（low control-lers）、常规非体力劳动者（routine nonmanual）、有雇员的雇佣者（self employment with emplpoyee）、无雇员的自雇者（self employment without emplpoyee）、体力劳动监管人员（manual supervisor）、技术工人（skilled manual）、半技术工人（semi-unskilled manual）、农场劳动力（farm labor）和农民（self employment farmer）。

我们在采用国际标准分类的基础上，结合中国的实际情况，把社会阶层划分为三类：社会上层（只包括高级管理者）、社会中层（包括低级管理者、常规非体力劳动者、有雇员的雇佣者、无雇员的自雇者以及体力劳动监管人员）和社会下层（包括技术工人、半技术工人、农场劳动力和农民)。原因主要来自两个方面:一方面,虽然低级管理者中包括高级技术人员(他们在中国更可能属于社会上层),但是更多是由较低层次的专业人员、较低层级行政管理人员和政府官员、小公司/小企业经理、非体力雇员的监管人员等构成,而这些在等级层次结构中处于中等地位(李强,2011),因此将其归类为社会中层更合理。另一方面,无论是有雇员的雇佣者还是无雇员的自雇者,在中国多属于改革开放后新产生的社会阶层,虽然这一阶层工作稳定性和保障性等诸多方面与社会中层之间可能存在差距,但是他们在社会收入上明显高于社会底层,将其笼统归于社会底层并不合适。

表4.2是分同期后的被访者及其父亲所处社会阶层的列联表。行是指家庭出身,以父亲所处的社会阶层为代表,列是被访者的初职社会阶层。总体来看,被访者的初职社会阶层与其父亲所处的社会阶层存在关联性。社会上层出身的被访者在初职时维持阶层优势的比例很高,社会下层出身的被访者初职时依然停留于社会下层的比例最高,高达76.4%。需要注意的是,因为初职处在职业生涯的初期,其社会阶层相对于整个职业生涯而言相对较低。但是,在职业发展中,初职也最容易受到家庭出身影响。对于不同的同期群而言,一方面,社会上层的阶层获得优势得以增强。相比之前同期群,1980—1989年同期群的社会上层的继承效应在增强,从最低的1950—1959年同期群的11.3%增加到最高的1980—1989年同期群的16.8%;另一方面,社会下层的阶层获得劣势得以改善。相比之前的同期群,1980—1989年同期群的社会下层的继承效应在降低,从最高的1950—1959年同期群的82.9%下降到最低的1980—1989年同期群的58.2%。

表4.2　　　　　　　　父代与子代所处社会阶层的列联表

父亲的社会阶层		被访者的初职社会阶层占比(%)			
		社会上层	社会中层	社会下层	小计
总体	社会上层	13.7	41.0	45.3	10.9
	社会中层	8.8	45.6	45.6	20.7
	社会下层	3.8	19.7	76.4	68.4
	小计	5.9	27.4	66.6	100.0

续表

父亲的社会阶层		被访者的初职社会阶层占比（%）			
		社会上层	社会中层	社会下层	小计
1980—1989 年	社会上层	16.8	57.4	25.8	10.4
	社会中层	10.5	61.7	27.8	27.4
	社会下层	6.3	35.5	58.2	62.2
	小计	8.6	44.9	46.5	100.0
1970—1979 年	社会上层	15.6	46.6	37.8	11.7
	社会中层	8.1	52.9	39.0	23.4
	社会下层	4.6	24.4	71.0	64.9
	小计	6.7	33.7	59.6	100.0
1960—1969 年	社会上层	12.1	39.4	48.5	11.2
	社会中层	6.8	39.9	53.3	19.6
	社会下层	2.9	16.2	80.9	69.2
	小计	4.7	23.5	71.9	100.0
1950—1959 年	社会上层	11.3	28.2	60.4	11.4
	社会中层	8.9	33.7	57.3	17.3
	社会下层	2.6	14.6	82.9	71.3
	小计	4.7	19.5	75.9	100.0
1940—1949 年	社会上层	12.5	39.8	47.7	8.1
	社会中层	11.7	40.0	48.3	16.8
	社会下层	3.8	14.9	81.3	75.1
	小计	5.8	21.1	73.0	100.0

数据来源：CGSS2005、CGSS2006 和 CGSS2008。

实际上，表4.2 所反映的代际流动是一种绝对流动。社会下层的代际流动状况的改善，可能是因为改革开放以来经济快速发展、产业结构升级或者人口结构变化，创造了很多职业地位更高的管理和技术类职位，从而给工农及其子弟的向上流动提供了机会。应该说，中国的社会流动在20世纪90年代之后发生了较大变化，既有国有企业改革等造成的结构性流动，也有市场转型契机带来的新兴阶层大量涌现。根据1996年和2009年《中国统计年鉴》的城镇就业人口数据，国有企业的就业人数从1991年的10664万下降到2008年的6447万，与之相反，民营企业、外资企业和个体户的从业人数分别从 68 万、96 万和 692 万急剧增加至 5124 万、1622 万和 3609 万。

但是，绝对流动的增加并不意味着相对流动的改善（Erikson 和 Goldthorpe，1992；Sturgis 和 Buscha，2015）。因为绝对流动并不能反映出社会阶层不平等的变化情况，即使在向上流动机会变得更广泛的情况下，相对流动可能依然困难，换句话说，相比优势阶层，弱势阶层向上流动的相对机会可能仍然很低。如果要更好地了解代际效应的变化趋势，需要考察代际相对流动，即由各个社会阶层的开放程度所造成的流动。

第四节　代际相对流动的变化趋势[①]

相比传统流动表分析，把对数形式引入流动模型有助于控制经济发展、产业结构和人口结构等外部环境变化的影响，更好地考察代际流动的变化趋势。在这里，logit 值是指具有某种相同阶层出身的人进入一个较高社会阶层相对于进入一个较低社会阶层的发生比的对数值。这一数值能够更清楚地刻画家庭出身对初职社会经济地位获得的影响。

如前所述，本书构建了四个流动模型：条件独立模型、关联效应不变模型、Unidiff 模型和控制对角线的 Unidiff 模型。一般而言，在模型选择时要依据对数似然卡方值和贝叶斯估计值，同时尽可能多地使用其他拟合优度指标，比如相异性系数等（鲍威斯和谢宇，2009）。其中，似然比卡方检验是在竞争的嵌套模型中进行选择时最普遍使用的方法，通常都是与饱和模型相比较，但也可以用于非饱和模型间的互相比较。它优势在于具有我们熟悉的误差削减比例解释，类似于 OLS 回归模型中的 F 检验，该值越小说明两个模型间越可能存在显著差异。贝叶斯估计值可以适用于非嵌套模型间的比较，它一般在样本量较大时更为可信，贝叶斯估计值为负的模型优于饱和模型，负值越大，模型越好。相异性系数提供了一个描述性测量，在评价一个模型能够多么好地复制观测频次方面比较有用。

模型的估计结果如表 4.3 所示。模型（1）呈现的是条件独立模型，

---

① 本节中所有统计模型的拟合都是利用 Lem 程序包（Vermunt，1997）完成。Lem 软件可在 http：//members. home. nl/jeroenvermunt/#Software（2014 年 12 月 22 日）下载。

它对数据的拟合性较差（$L^2 = 775.07$，自由度为 12）。模型（2）是关联效应不变模型，即假定代际效应在不同的同期群中不变。相比模型（1），模型（2）无论是对数似然卡方值的减少（773.57，自由度为 4），还是贝叶斯估计值的降低（737.6），都可以看出该模型提供了极佳的拟合优度。同时，关联效应不变模型的相异性系数从条件独立模型的 13.74% 下降到 0.43%，表明模型被错误归类的概率大大降低。模型（3）是假定代际效应强度在同期群之间存在差异的 Unidiff 模型。但是与模型（2）相比，对数似然卡方值减少的比例很低，在耗费了 2 个自由度的情况下，只减少了 0.25。同时，模型（3）的贝叶斯估计值不但没有变小反而增加了。

在假定代际流动模式保持稳定的前提下，模型（3）能够检验不同的同期群中代际效应强度上的差异，即相对流动机会平等性的趋势变化情况。根据 Unidiff 模型估计结果，当我们假定 1960—1969 年同期群的代际效应系数值为 1 时，1970—1979 年同期群和 1980—1989 年同期群的代际效应系数分别是 0.99 和 0.95。可见，就这三个同期群而言，代际效应基本没有改变，仅发生轻微的弱化作用。另外，模型（4）的估计结果表明，在控制继承效应后，1970—1979 年同期群和 1980—1989 年同期群的代际效应系数分别变为 1.42 和 1.05。这表明排除继承效应后，代际效应不是变弱而是变强了。四个模型对比后，我们更倾向于接受关联效应不变模型，即代际效应在不同的同期群中没有发生显著变化。

表 4.3　　　　　　　　　　代际相对流动模型的估计结果

模型	对数似然卡方值（L^2）	自由度（df）	显著性水平（P）	贝叶斯估计值（BIC）	相异指数（D）
（1）条件独立模型	775.071	12	0	667.169	0.137
（2）关联效应不变模型	1.503	8	0.993	−70.432	0.004
（3）Unidiff 模型	1.254	6	0.974	−52.697	0.0035
（4）Unidiff 模型（控制对角线）	0.114	2	0.945	−17.870	0.0008

注：此表只对比了三个同期群，分别是 1980—1989 年、1970—1979 年和 1960—1969 年。

数据来源：CGSS2005、CGSS2006 和 CGSS2008。

总体看来，研究结果拒绝了操作性研究假设 1，支持了前面的理论推断，因为 1960—1969 年同期群、1970—1979 年同期群和 1980—1989 年同期群的代际关联系数不存在显著性差异。换句话说，与教育扩张前相比，教育扩张后的代际相对流动没有增加，各社会阶层的开放程度并未改变。这意味着改革开放 30 多年来，中国社会的代际流动基本没有明显改善，与弱势阶层相比，优势阶层成功维系着阶层的封闭性，在流动机会上的相对优势没有被打破，他们依然是社会发展的最大受益者。这一状况值得引起警惕。

在中国不断现代化和工业化的进程中，代际相对流动并没有改善的原因可能来自经济、政治、社会和文化等多个方面（周长城和张敏敏，2014）。在经济上，市场化大潮中"效率优先"的发展理念导致阶层收入差距不断拉大，不同家庭出身的子女在家庭经济资源禀赋上的差异日益扩大。在政治制度方面，户籍制度的惯性作用，依然限制了弱势阶层出身群体的地位身份转变；政治权力缺乏监督与制衡，在市场经济中公器私用，为子女谋取私利，获得好的社会位置。在社会因素方面，在"差序格局"的人伦理念所支配的关系社会中，社会网络或社会资本在日益激烈的求职竞争中发挥着潜在的，甚至直接的影响；社会保障机制不健全，使得原本应该平衡收入差距、实现结果平等的再分配流于形式。在文化方面，主要是指被长久质疑的教育不公平问题，教育机会不均等造成的弱势群体的文化资本缺失，同时拉大了与优势阶层的差距。

第五节　小结

代际流动是考察社会结构特征和变迁的一种重要途径。本章主要基于中国综合社会调查 2005 年、2006 年和 2008 年的数据，以改革开放之后开始参加工作的群体为主要研究对象，从同期群角度分析了代际流动的变化趋势，主要结论是没有充足证据支持我国高等教育扩张带来了更多的代际流动，这里的代际流动主要指相对流动。具体结论如下。

第一，从代际绝对流动来看，尽管社会上层的代际继承性在增加，但是，社会下层的绝对流动机会在教育扩张后也在增加。与教育扩张前的两个同期群相比，教育扩张后社会下层的代际继承性在降低，表现出社会开放性变强的趋势。这一结论支持了李春玲（2008）的研究发现，在经济改革开始之后，处于较高等级地位的职业群体或处于优势位置的社会阶层（如党政官员、经理人员和专业技术人员等）的代际继承性在明显增强，同时农业劳动者的社会流动机会也明显增多,他们有比以前更多的机会成为产业工人、商业服务业员工、个体工商户和私营企业主。

代际绝对流动的增加和职业结构的变化有关。职业结构的变化表现为随着经济发展水平的提高,子代职业岗位的数量越来越多于父代的职业岗位数量,这种职业岗位数量的日益增多有助于促进职业代际流动(郭丛斌,2006)。改革开放至今,随着经济发展和产业结构升级,涌现了一些社会经济地位相对较高的新职业岗位,比如私营企业主或个体工商户等,同时造就了一个数量庞大的农民工群体,进而会增加一些与此相关的社会管理类职业岗位。另外,计划生育政策也使得主要劳动力市场优势职业劳动者子女数减少。这些因素都可能为社会下层提供了向上流动的机会,导致了绝对流动机会的增加。

第二,从代际相对流动来看,教育扩张后社会阶层不平等依然持续,代际流动并没有改善,换句话说,改革开放30年来社会的开放性并没有明显增加。基于对数流动模型的分析结果显示,教育扩张前后同期群的代际关联系数不存在显著性差异。这意味着我国社会的代际相对流动没有改善,家庭背景影响依然存在且没有显著变弱。这一发现并没有支持现代化理论的预测,但是与郝雨霏等(2014)的研究结论相一致,即虽然高校扩张后的社会绝对流动率有所上升,但相对流动率仍保持不变。

造成绝对流动增加、相对流动未发生改善的原因是多方面的,可能是由于中国改革开放后一些体制性问题导致的社会选择和筛选机制仍存在不合理之处,增加的社会流动机会更多被优势阶层获得,或是通过家庭背景对就业机会的直接影响,或是通过教育阶层不平等的间接传递。尽管如此,本书认为根据代际相对流动在教育扩张前后并没有发生改变就得出教育扩张没有促进代际流动的结论仍需谨慎。更重要的是,为什么教育扩张使更多的人获得高等教育文凭的同时却没能带来更多的代际流动,教育扩张究竟是如何影响代际流动的,我们仍然不得而知,而这正是本书下一章要探讨的问题。

第三,本书的模型假定不同的同期群,虽然家庭出身与初职社会经济地位间的关联强度存在差异,但关联或流动模式是相似的,即以社会继承性和短距离流动为主导特征(Hout,2004),而这也正是中国改革开放后流动模式的特点(李春玲,2008)。李春玲认为不同于改革开放前阻碍社会流动的户口制度、行政档案制度和意识形态三道屏障,改革开放后的三道屏障主要是不同阶层间在占有经济资源、文化资源和工作岗位机会方面的差距。这三道屏障使得目前的社会流动模式与经济改革以前存在很大的不同，现今发生的社会流动更多属于短距离的逐级上升或下降流动，大跨度的上下流动或长距离流动则较少发生（如"文化大革命"时期，工农子弟一下子晋升为干部或专业技术人员），等级地位相近的阶层之间的相互流动或层内流动远远多于跨越结构性屏障的层间流动。尽管如此，由于本书中父代和子代的社会阶层只划分了三类，使得我们容易忽略掉等级地位相近的阶层之间的层内流动，从而造成对代际流动情况的低估。

第五章

教育扩张影响代际流动的机制

教育被认为是实现社会地位提升、促进社会流动的重要途径。据此，人们有理由期望教育扩张可以降低代际效应，带来更多的代际流动。上一章我们发现教育扩张没有显著改善流动，本章的主要任务则是分析教育扩张对代际流动的影响过程或机制。

根据前面的理论分析和假设，本章的操作性研究假设主要有以下三个。

1. 操作性研究假设 1 （教育扩张对教育回报的影响）

无论是教育扩张前的 1960—1969 年、1970—1979 年同期群还是扩张后的 1980—1989 年同期群，被访者的受教育年限对其初职社会经济地位指数都有显著性影响，并且这种影响在扩张后的同期群显著变大；但是，与高中学历相比，大专或本科学历对其初职社会经济地位指数和初职职业获得的影响在扩张后的同期群显著变小。

2. 操作性研究假设 2 （教育扩张的平等化效应）

无论是教育扩张前的 1960—1969 年、1970—1979 年同期群还是扩张后的 1980—1989 年同期群，父亲的社会经济地位指数和受教育年限对被访者的受教育年限都有显著性影响，并且这种影响在扩张后的同期群显著变大。

3. 操作性研究假设 3 （教育扩张的结构化效应）

无论是教育扩张前的 1960—1969 年、1970—1979 年同期群还是扩张后的 1980—1989 年同期群，父亲的社会经济地位指数和受教育年限对被访者的初职社会经济地位指数的影响在高中学历获得者与大专或本科学历获得者之间存在显著性差异；父亲的社会经济地位指数和受教育年限对被访者的初职职业获得的影响在高中学历获得者与大专或本科学历获得者之间存在显著性差异。

本章的主要内容包括六个部分：第一节是研究模型，第二节是教育扩张对教育回报的影响；第三节是教育扩张的平等化效应；第四节是教育扩张的结构化效应；第五节是稳健性检验；第六节是本章小结。

第一节　研究模型

要理解教育、家庭背景与初职社会经济地位的关系，首先有必要清楚调节作用和中介作用的区别。一般而言，如果因素 Y 与因素 X 的关系是因素 M 的函数，则 M 对 Y 与 X 的关系起调节作用，或者说 M 是调节变量。调节变量 M 可能会影响因素 Y 与因素 X 关系的方向和强弱。如果因素 X 会通过影响因素 M 来影响因素 Y，那么因素 M 在 Y 与 X 的关系中发挥着中介作用，或者说 M 是中介变量（温忠麟等，2005）。在家庭背景与初职社会经济地位的关系中，教育既扮演中介角色，又发挥着调节作用。中介作用是指家庭背景会通过影响被访者的教育水平从而间接作用于其初职社会经济地位。调节作用则是指家庭背景对被访者初职社会经济地位影响的大小或强弱受到被访者教育水平的调节。教育扩张的平等化效应是基于教育的中介作用，而教育扩张的结构化效应实质是在检验教育的调节作用。

教育扩张对代际流动影响的第一种途径需要考虑到家庭背景的间接效应，反过来说就是教育的中介作用，即家庭背景通过教育而间接影响个人的初职社会经济地位。对于中介作用的探讨，路径分析无疑是一种理想方法。它是用来解决多个变量之间多层因果关系及其相关强度的一种分析方法。该方法首先根据理论基础，假设出模型中各变量的具体联系方式，并以路径分析图的形式呈现出来，随后按照相应的因变量数分别拟合各自的多元回归方程，测量出变量间因果关系的强弱，以此检验前面假想的因果模型的准确性和可靠程度。从这个意义上讲，路径分析是由一组线性回归方程构成的，可视作多元回归模型的扩展，只不过它所描绘的变量间的相互关系不仅包括直接的，还包括间接的和总体的关联。

本书的地位获得模型是基于布劳—邓肯地位获得模型的简单拓展（见图5.1），即加入了父亲的教育水平对被访者初职社会经济地位的直接影响，这可能更符合中国的实际情况。本书以 r_{ij} 表示路径系数，下标中的第一位数字 i 表示被影响变量，第二位数字 j 表示影响变量。被访者的教育水平对初职社会经济地位的影响为 r_{43}，对现职社会经济地位的总影响为：$r_{53} + r_{54} \times r_{43}$。

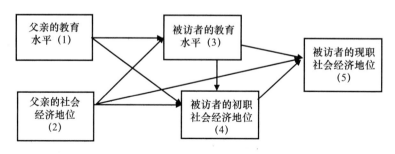

图 5.1　布劳—邓肯的地位获得模型（扩展版）

模型中以父亲的教育水平和社会经济地位作为家庭背景的替代变量。其中，父亲的教育水平对子女初职社会经济地位的总影响包括以子女教育水平为中介的间接影响 $r_{43} \times r_{31}$ 和直接影响 r_{41}，即 $r_{43} \times r_{31} + r_{41}$。同理，父亲的教育水平对被访者现职社会经济地位的总影响为：$r_{53} \times r_{31} + r_{54} \times r_{41} + r_{54} \times r_{43} \times r_{31}$。

父亲的社会经济地位对子女初职社会经济地位的总影响除了直接影响 r_{42} 外，还包括以子女教育水平为中介的间接影响 $r_{43} \times r_{32}$，即 $r_{43} \times r_{32} + r_{42}$。同理，父亲的社会经济地位对被访者现职社会经济地位的总影响为：$r_{52} + r_{54} \times r_{42} + r_{53} \times r_{32} + r_{54} \times r_{43} \times r_{32}$。

教育扩张对代际流动影响的第二种途径关注的是家庭背景对地位获得的影响在不同教育水平上的强度，换句话说，教育是否在调节家庭背景对初职社会经济地位的影响。对于调节作用的探讨，一般可以借助变量间的交互作用来实现。当因变量为连续变量时，一般使用多元线性回归分析；而当因变量为分类变量时，一般使用多元逻辑斯蒂回归分析。

在本研究中，当因变量为初职社会经济地位指数时，计量模型如下：

$$Y = \alpha + \beta_1 X_1 + \beta_2 X_2 + \beta_3 (X_2 \times X_1) + \beta_4 X_3 + \mu \tag{5.1}$$

其中，Y 是初职社会经济地位指数。X_i 为初职社会经济地位指数的各种影响因素，β_j 是回归系数，μ 是误差项。X_1 和 X_2 分别代表被访者的教育水平和家庭背景，X_3 代表性别、户籍、年龄和年龄的平方项等控制变量。$X_2 \times X_1$ 表示家庭背景和教育水平的交互项，若回归系数 β_3 显著，则表示教育水平能够调节家庭背景对个人初职社会经济地位的影响。

当因变量为初职职业获得，即初职是否为管理技术类职业时，计量模型如下：

$$\text{Logit}(P) = \ln\left(\frac{P}{1-P}\right) = \alpha + \beta_1 X_1 + \beta_2 X_2 + \beta_3 X_2 \times X_1 + \beta_4 X_3 + \mu$$

$$(5.2)$$

其中，P 表示从事管理技术类职业的概率比，$\frac{P}{(1-P)}$ 是从事管理技术类职业的概率与从事非管理技术类职业的概率的优势比（odds ratio），定义为从事管理技术类职业的机会比率，Logit（P）为机会比率之对数。X_i 为影响被访者能否从事管理技术类职业的各种因素，β_j 是回归系数，μ 是误差项。X_1 和 X_2 分别代表被访者的教育水平和家庭背景，X_3 代表性别、户籍、年龄和年龄的平方项等控制变量。$X_2 \times X_1$ 表示家庭背景和教育水平的交互项，若回归系数 β_3 显著，则表示教育水平能够调节家庭背景对被访者从事管理技术类职业的机会比率的影响。

第二节　教育扩张对教育回报的影响

代际流动的核心是地位获得。本书使用的是简单拓展之后的布劳—邓肯地位获得模型。模型中仍然只包括五个核心变量，即被访者的受教育年限、初职社会经济地位指数和现职社会经济地位指数，以及被访者父亲的受教育年限和社会经济地位指数。模型中之所以保留现职变量，是为了验证初职对现职的重要性。

模型的卡方值及其显著性水平，以及 RMSEA 值是评价模型拟合程度的两大指标。一般而言，模型卡方值所对应的显著性水平不显著，则接受虚无假设，即该理论模型对数据的拟合程度好；而 RMSEA 值越小，模型拟合程度越好。表 5.1 是分同期群的地位获得模型估计结果。据此，我们可以看出，除模型（4）外，其余模型在 0.01 的显著性水平上都不具有统计意义上的显著性，并且 RMSEA 值均小于临界值，表明模型对数据的拟合程度较好。初职社会经济地位指数对应的复相关系数的平方值在五个模型中分别是 0.37、0.38、0.34、0.21 和 0.27，表明模型所包含的三个变量，即被访者的受教育年限及其父亲的受教育年限和社会经济地位指数，能够很好地解释被访者的初职社会经济地位指数的变异，所解释比例为 20%—40%。下面具体来看教育扩张对 ED 关联和 OD 关联的影响。

表 5.1　　　　　　　　　　OD 和 ED 关联的同期群变化

		扩张后	改革开放—扩张前 *		改革开放前	
		（1）1980—1989 年	（2）1970—1979 年	（3）1960—1969 年	（4）1950—1959 年	（5）1940—1949 年
总影响	父亲的受教育年限	1.02 (0.25)	0.83 (0.23)	0.53 (0.16)	0.24 (0.07)	0.33 (0.08)
	父亲的社会经济地位指数	0.20 (0.21)	0.20 (0.21)	0.24 (0.27)	0.24 (0.27)	0.27 (0.24)
	被访者的受教育年限	2.33 (0.53)	2.27 (0.55)	1.90 (0.50)	1.25 (0.37)	1.80 (0.47)
OD 关联	父亲的受教育年限	0.19 ** (0.05)	0.06 (0.02)	0.07 (0.02)	−0.08 (−0.02)	−0.18 * (−0.04)
	父亲的社会经济地位指数	0.11 *** (0.11)	0.10 *** (0.11)	0.15 *** (0.17)	0.17 *** (0.19)	0.17 *** (0.14)
ED 关联	被访者的受教育年限	2.33 *** (0.53)	2.27 *** (0.55)	1.90 *** (0.50)	1.25 *** (0.37)	1.80 *** (0.47)
初职对现职的影响		0.67 *** (0.70)	0.59 *** (0.60)	0.57 *** (0.55)	0.57 *** (0.53)	0.58 *** (0.55)
样本量		5079	7915	9370	7754	5117
卡方值		1.27	0.01	0.09	4.69 **	0.85
自由度		1	1	1	1	1
RMSEA 值		<0.01	<0.01	<0.01	0.02	<0.01
复相关系数的平方值（R^2）	被访者的受教育年限	0.24	0.25	0.18	0.16	0.15
	初职社会经济地位指数	0.37	0.38	0.34	0.21	0.27
	现职社会经济地位指数	0.63	0.56	0.49	0.47	0.54

注：1. 结果变量：初职的社会经济地位指数。2. 显著性水平：*、** 和 *** 分别代表 0.1、0.05 和 0.01 的显著性水平，下同。3. 括号内为路径系数。4. * 表示教育扩张前，主要是指 1970—1979 年和 1960—1969 年两个同期群，下同。

数据来源：CGSS2005、CGSS2006 和 CGSS2008。

首先，与教育扩张前相比，扩张后的教育回报在增加。数据表明，教育是影响初职社会经济地位高低的显著且重要因素，并且这种影响在年轻的同期群中更大。从非标准化系数来看，1960—1969 年同期群的回归系数最低，为 1.90，1970—1979 年同期群的回归系数增加到 2.27，到 1980—1989 年同期群时已经增加到 2.33，也就是说，对于 1980—1989 年出生的群体而言，在控制其他因素的前提下，多接受一年教育能够提高其初职社会经济地位指数 2.33 个单位。这一结论部分支持了操作性研究假设 1，教育扩张并没有降低教育回报，教育的社会经济地位回报在增强，从而吻合了现代化理论关于教育在地位获得中作用将越来越重要的观点。

其次，教育扩张前后家庭背景对初职社会经济地位的直接影响并没有降低，甚至有所增强。这里的家庭背景主要是指父亲的社会经济地位和教育水平。数据表明，一方面，父亲社会经济地位指数对被访者初职社会经济地位指数的直接影响虽然从年长的同期群到年轻的同期群来看，基本表现出下降趋势，到 1970—1979 年同期群时回归系数已经下降到 0.10，但是这一趋势并没有持续，到 1980—1989 年同期群时又开始出现增强的趋势，尽管使用 Clogg 等（1995）的公式检验后发现这种变化不显著。另一方面，父亲的受教育年限对被访者初职社会经济地位指数的直接影响在 1980—1989 年同期群前基本都不显著（1940—1949 年同期群除外），但是在 1980—1989 年同期群中已经变得比较显著，并且回归系数比较高。

最后，与家庭背景相比，教育依然是决定个人初职社会经济地位高低的最重要因素，并且在不同的同期群中具有一致性。数据表明，无论是与被访者父亲的社会经济地位指数，还是与被访者父亲的受教育年限相比，被访者受教育年限的路径系数都是最大的，这意味着教育依然是决定个体初职社会经济地位高低的最重要因素。

另外，从现职的地位获得模型可以看出，被访者的现职社会经济地位的高低很大程度上是由初职决定。数据表明，初职社会经济地位指数变量的引入，使得现职社会经济地位指数模型的复相关系数的平方值增加了近一倍。这告诉我们，一方面，中国居民的职业水平流动仍然不够频繁，初职定终身的现象依旧普遍存在；另一方面，对初职社会经济地位的研究有助于我们更好地理解中国居民的社会分层与社会流动现象。

第三节   教育扩张的平等化效应

同样是在拓展的布劳—邓肯地位获得模型中，可以看出教育扩张对教育机会均等的影响。如表5.2所示，所有同期群模型的复相关系数的平方值介于0.15至0.25之间，意味着被访者父亲的受教育年限和社会经济地位指数两个变量对被访者的受教育年限具有较好的解释力。结果表明，一方面，父亲的教育水平对被访者教育水平的影响在教育扩张后有所增强。数据显示，父亲受教育年限的回归系数从教育扩张前的0.24（1960—1969年同期群）和0.34（1970—1979年同期群）增加到教育扩张后的0.36（1980—1989年同期群）。另一方面，父亲的社会经济地位对被访者教育水平的影响很小，但是这种影响在教育扩张前后并没有改变。数据显示，父亲社会经济地位指数的回归系数在教育扩张前后一个同期群都只有0.04。尽管如此，按照Clogg等（1995）的公式对三个模型回归系数之间的显著性进行检验后都得出了不显著的结论。总体来看，教育扩张不但没有削弱教育的家庭背景差异，反而可能加重了教育机会的不均等。换句话说，教育扩张没有显著改善教育机会不均等。

表5.2   OE 关联的同期群变化（教育为连续变量）

	扩张后	改革开放—扩张前		改革开放前	
	(1) 1980—1989年	(2) 1970—1979年	(3) 1960—1969年	(4) 1950—1959年	(5) 1940—1949年
父亲的受教育年限	0.36 *** (0.39)	0.34 *** (0.38)	0.24 *** (0.28)	0.26 *** (0.25)	0.28 *** (0.25)
父亲的社会经济地位指数	0.04 *** (0.17)	0.04 *** (0.18)	0.05 *** (0.21)	0.06 *** (0.22)	0.06 *** (0.20)
样本量	5079	7915	9370	7754	5117
卡方值	1.27	0.01	0.09	4.69 **	0.85
自由度	1	1	1	1	1
RMSEA 值	< 0.01	< 0.01	< 0.01	0.02	< 0.01
复相关系数的平方值（R^2）	0.24	0.25	0.18	0.16	0.15

注：1. 结果变量：被访者的受教育年限。2. 括号内为路径系数。
数据来源：CGSS2005、CGSS2006 和 CGSS2008。

　　上述模型中的教育水平为连续变量，接着我们把其作分类变量来看。我们把被访者的教育水平划分为小学及以下、初中、高中、大专和本科及以上五类。在模型分析之前，首先来看被访者的社会阶层出身与其教育水平的交叉表（见表 5.3）。结果发现，相比于扩张前的同期群，在扩张后的同期群中，教育水平的阶层不均等现象依然存在。以社会上层和社会下层两者接受高等教育的情况为例，社会下层出身的被访者接受高等教育的比例在 1940—1949 年、1950—1959 年、1960—1969 年、1970—1979 年和 1980—1989 年五个同期群中分别是 4.4%、3.8%、6.6%、14.5% 和 29.3%。可见，社会下层接受高等教育的机会随着时间变化在不断增加，尤其是教育扩张使得 1980—1989 年同期群相比之前群体获得了更多的受高等教育机会，比 1970—1979 年同期群的机会数量翻了一番。与此同时，社会上层出身的被访者接受高等教育的比例在上述五个同期群中分别是 12.7%、15.1%、24.4%、38.3% 和 44.4%。两者对比不难看出，社会上层在高等教育机会获取上仍然占据明显优势。教育扩张虽然使得社会下层获得了缩小与社会上层之间高等教育机会差距的机会，甚至增加的速率超过社会上层，但是原本存在于两个阶层之间高等教育机会的巨大差距仍然使得社会上层在教育水平上占据着明显优势。

表 5.3　　　　　**父代社会阶层与子代教育水平的列联表**

	父亲的社会阶层	被访者的教育水平（%）				
		小学及以下	初中	高中	大专	本科及以上
总体	社会上层	8.3	25.2	38.4	16.6	11.5
	社会中层	11.8	27.4	36.2	14.7	10.0
	社会下层	31.4	34.8	23.1	6.7	3.9
	小计	24.7	32.1	27.6	9.5	6.1
1980—1989年	社会上层	0.8	13.8	41.0	21.8	22.6
	社会中层	2.7	15.9	38.7	23.0	19.7
	社会下层	7.4	33.5	29.8	16.4	12.9
	小计	5.4	26.4	33.6	18.8	15.9

续表

	父亲的社会阶层	被访者的教育水平（%）				
		小学及以下	初中	高中	大专	本科及以上
1970—1979年	社会上层	3.1	22.6	36.0	21.6	16.7
	社会中层	7.4	25.5	36.7	17.7	12.6
	社会下层	22.5	37.4	25.6	9.4	5.1
	小计	16.7	32.9	29.4	12.7	8.2
1960—1969年	社会上层	7.5	23.2	44.9	16.2	8.2
	社会中层	8.7	32.5	40.3	12.3	6.2
	社会下层	27.0	41.3	25.1	4.8	1.8
	小计	21.2	37.5	30.4	7.6	3.4
1950—1959年	社会上层	12.6	35.6	36.7	10.6	4.5
	社会中层	18.1	38.0	33.5	7.2	3.2
	社会下层	39.9	34.4	22.0	3.0	0.8
	小计	32.9	35.2	25.7	4.6	1.6
1940—1949年	社会上层	16.9	39.4	31.0	9.2	3.5
	社会中层	27.7	29.4	28.7	9.9	4.3
	社会下层	60.1	23.1	12.4	2.8	1.6
	小计	51.3	25.5	16.6	4.5	2.2

数据来源：CGSS2005、CGSS2006 和 CGSS2008。

　　接下来，我们以被访者的教育水平为因变量、其家庭背景为自变量进行多项逻辑斯蒂回归分析（见表 5.4）。其中，教育水平包括高中以下、高中和大专及以上三类，并以高中为参照组；家庭背景的替代变量依旧是被访者父亲的社会经济地位指数和受教育年限。高中以下与高中的 logit 模型可以看出不同家庭背景升入高中的机会比率或者避免坠入高中以下学历的机会比率；大专及以上与高中的 logit 模型可以看出不同家庭背景接受高等教育的机会比率。研究结论同样发现教育扩张没有显著改善教育机会不均等。

表 5.4　　　　　　　　OE 关联的同期群变化（教育为分类变量）

		扩张后	改革开放—扩张前		改革开放前	
		（1）1980—1989 年	（2）1970—1979 年	（3）1960—1969 年	（4）1950—1959 年	（5）1940—1949 年
高中以下	父亲的社会经济地位指数	-0.03***	-0.02***	-0.03***	-0.02***	-0.03***
		(0.01)	(0.00)	(0.00)	(0.00)	(0.01)
	父亲的受教育年限	-0.21***	-0.18***	-0.09***	-0.10***	-0.12***
		(0.03)	(0.01)	(0.01)	(0.01)	(0.02)
	截距	2.80***	2.49***	2.11***	2.05***	3.00***
		(0.32)	(0.14)	(0.10)	(0.11)	(0.23)
大专及以上	父亲的社会经济地位指数	0.00	0.01*	0.01***	0.01*	-0.02*
		(0.00)	(0.00)	(0.00)	(0.00)	(0.01)
	父亲的受教育年限	0.14***	0.11***	0.11***	0.10***	0.09**
		(0.03)	(0.02)	(0.02)	(0.02)	(0.04)
	截距	-1.22***	-1.63***	-2.27***	-2.45***	-1.03**
		(0.31)	(0.18)	(0.18)	(0.22)	(0.42)
样本量		1000	2670	3402	2833	808
伪 R^2		0.117	0.126	0.097	0.075	0.108

注：1. 结果变量：被访者的教育水平。2. 括号内数据为标准误。

数据来源：CGSS2005、CGSS2006 和 CGSS2008。

　　一方面，在家庭背景中，父亲的受教育年限越高，子女避免坠入高中以下学历的机会比率（与高中学历相比）越高。数据表明，父亲受教育年限的回归系数从 1960—1969 年、1970—1979 年到 1980—1989 年同期群依次降低，分别是 -0.09、-0.18 和 -0.21。这意味着教育机会不均等在中学教育阶段已经存在。原因可能是优势阶层由于家庭资源和社会关系优势，使得孩子从基础教育阶段就占据优势，比如选择重点学校。这种优势在教育扩张之后变得日趋明显，可能直接造就了高等教育不平等（王威海、顾源，2012），这一点应当引起足够关注。

　　另一方面，父亲的受教育年限越高，子女获得大专及以上学历的机会比率（与高中学历相比）越高。数据表明，父亲受教育年限的回归系数从 1960—1969 年和 1970—1979 年同期群的 0.11 增加到 1980—1989 年同期群的 0.14。但是对 logit 模型样本间系数是否存在显著差异进行年度交互项分析后发现这种差异不显著，换句话说，教育扩张没有显著改善教育机会不均等。另外，父亲的社会经济地位指数的回归系数绝对值很小，表明父亲社会经济地位可能并不是影响子女教育获得的重要因素。

我们的研究发现虽然没有完全支持操作性研究假设 2，但依旧表明教育扩张没有显著改善业已存在的教育机会不均等。这与 Alon（2009）和 Yeung（2013）等的研究结论相一致。当然，我们的研究结论不止于此，高中教育机会不均等同样在教育扩张后有轻微加重趋势，这在一定程度上拓展了李春玲（2014）的研究发现，她发现高中及其他高级中等教育的城乡机会不平等持续上升，实际上，更广义地说，基于家庭背景的教育不平等在上升。这也呼应了 Raftery 和 Hout（1993）的最大化维持不平等理论。尽管中国教育体系经历了大规模的扩张，人们教育水平获得了普遍提高，但是家庭出身与教育获得之间的关联并没有变弱，接受更高水平教育的相对机会在不同家庭出身的群体中并没有普遍意义上的改变。需要说明的是，研究模型中并没有控制性别和户籍变量。

总体来看，教育扩张前后教育回报虽然有所增强，但是教育扩张没有带来教育机会均等，换句话说，教育扩张的平等化效应不成立。同时，家庭背景对地位获得的直接影响也有所增强。按照教育扩张与代际流动的关系逻辑，教育扩张将无法带来代际流动的改善。实际上从本章中家庭背景对被访者初职社会经济地位总影响的数据分析中也再次证明了这一点。数据表明，父亲的受教育年限对被访者的初职社会经济地位指数总影响的标准化回归系数从 1960—1969 年和 1970—1979 年同期群的 0.16 和 0.23 增加到 1980—1989 年同期群的 0.25；父亲的社会经济地位指数对被访者的初职社会经济地位指数总影响的标准化回归系数在教育扩张前后的一个同期群之间无变化，尽管在 1960—1969 年同期群中更高。接下来，我们将继续关注教育扩张的结构化效应是否成立。

第四节 教育扩张的结构化效应

教育扩张促进代际流动的结构化效应认为，假定存在家庭背景、教育和初职社会经济地位之间的关联，并且家庭背景与初职社会经济地位的关联在教育水平较高的群体中变弱。当教育扩张增加了总人口中拥有较高教育水平群体的数量时，那么，这种结构性变化将会导致家庭背景与初职社会经济地位之间整体关联的下降。毫无疑问，中国始于 20 世纪末的高等教育扩张极大增加了中国受高等教育人口的数量。根据 Trow（1973）的高等教育发展阶段理论，中国高等教育的毛入学率早已超过 15%，进入了高等教育的大众化阶段。由此可见，教育扩张能否促进代际流动的关键在于家庭背景对初职社会经济地位的影响（OD 关联）是否在高等教育群体中发生了弱化现象。

借鉴以往学者的研究方法，我们将主要通过在模型中引入家庭背景和教育水平的交互项来判断教育扩张的结构化效应。在这里，初职社会经济地位的替代指标除了初职社会经济地位指数，还有初职职业获得，即初职是否从事管理技术类职业。我们关注的自变量是家庭背景、教育水平以及两者的交互项。其中，家庭背景包括父母亲的受教育年限、父亲的社会经济地位指数或职业类型；教育水平包括小学及以下、初中、高中、大专和本科五类，以高中学历为参照组。控制变量包括性别、年龄、年龄的平方、政治面貌和户籍类型。

一　因变量为初职社会经济地位指数

初职社会经济地位指数的回归模型（1）至模型（5）调整后的 R^2 值约在 0.30 至 0.40 之间，表明我们选择的自变量对因变量具有较高的解释力度。表 5.5 是初职社会经济地位指数回归分析的结果。据此可以看出，一方面，教育扩张后与扩张前相比，大学文凭相比高中文凭的社会经济地位回报在降低。中国高等教育扩张始于 1999 年，假定被访者在 18 岁时上大学，据此推算，1980—1989 年同期群接受大学教育的时间段基本正处于高等教育扩张时期。通过比较这一同期群与以前同期群的社会经济地位回报，可以得出教育扩张对高等教育回报的影响。数据表明，专科学历的社会经济地位回报在 1970—1979 年同期群中最高，回归系数为 11.66，而到教育扩张之后的 1980—1989 年同期群时下降到 6.84；本科学历的社会经济地位回报在 1960—1969 年同期群中最高，回归系数为 20.62，到 1980—1989 年同期群时下降到 16.18。这意味着，教育扩张降低了大学文凭与高中文凭之间的相对优势，使得扩张后的高等教育发生了"贬值"，从而部分支持了我们的操作性研究假设 1。

表 5.5   教育水平对家庭背景之于初职社会经济地位影响的调节作用

	扩张后	改革开放—扩张前		改革开放前	
	(1) 1980—1989 年	(2) 1970—1979 年	(3) 1960—1969 年	(4) 1950—1959 年	(5) 1940—1949 年
小学及以下	−19.89***	−15.77***	−10.62***	−5.72***	−23.60***
	(6.05)	(2.05)	(1.64)	(1.73)	(4.04)
初中	−13.27***	−10.63***	−8.26***	−0.92	−16.23***
	(3.46)	(1.66)	(1.29)	(1.63)	(4.04)
大专	6.84*	11.66***	9.80***	16.56***	7.85
	(3.57)	(2.26)	(2.22)	(2.95)	(7.38)
本科	16.18***	15.87***	20.62***	33.22***	22.30*
	(3.75)	(2.71)	(3.51)	(6.07)	(13.06)
父亲的受教育年限	0.15	0.18**	−0.02	0.09	−0.13
	(0.18)	(0.09)	(0.06)	(0.08)	(0.17)
母亲的受教育年限	0.20	−0.09	0.15**	−0.04	0.45**
	(0.16)	(0.08)	(0.07)	(0.09)	(0.21)
父亲的社会经济地位指数	0.05	0.05*	0.09***	0.14***	−0.01
	(0.05)	(0.03)	(0.02)	(0.03)	(0.07)
女性	1.92**	0.92*	0.91**	1.30***	2.53**
	(0.93)	(0.53)	(0.43)	(0.50)	(1.02)
年龄	−18.94***	−1.01	−2.20	−1.87	14.88
	(5.72)	(1.72)	(1.93)	(2.91)	(47.87)
年龄的平方项	0.39***	0.01	0.03	0.02	−0.12
	(0.12)	(0.03)	(0.02)	(0.03)	(0.41)
中共党员	−0.37	1.15	1.69**	3.21***	3.36**
	(2.10)	(1.04)	(0.76)	(0.83)	(1.40)
母亲是农村户籍	−0.08	−1.57**	−3.62***	−5.10***	−1.40
	(1.17)	(0.67)	(0.53)	(0.62)	(1.33)
父亲的社会经济地位指数×小学及以下	0.26	0.13**	0.06	−0.00	0.24**
	(0.19)	(0.06)	(0.05)	(0.05)	(0.11)
父亲的社会经济地位指数×初中	0.16*	0.12***	0.08**	−0.06	0.19**
	(0.09)	(0.04)	(0.03)	(0.04)	(0.09)

续表

	扩张后	改革开放—扩张前		改革开放前	
	(1) 1980—1989 年	(2) 1970—1979 年	(3) 1960—1969 年	(4) 1950—1959 年	(5) 1940—1949 年
父亲的社会经济地位指数 × 大专	-0.02	-0.01	-0.02	-0.16 ***	-0.07
	(0.08)	(0.05)	(0.04)	(0.06)	(0.16)
父亲的社会经济地位指数 × 本科	-0.04	0.01	-0.02	-0.40 ***	-0.33
	(0.08)	(0.05)	(0.06)	(0.11)	(0.27)
截距	262.57 ***	53.89 **	81.23 **	76.15	-402.05
	(69.43)	(27.30)	(39.98)	(75.07)	(1398.35)
样本量	731	2187	2708	2150	564
R^2	0.377	0.414	0.397	0.288	0.376
调整后的 R^2	0.363	0.410	0.394	0.283	0.358

注：1. 结果变量：被访者的初职社会经济地位指数。2. 括号内为标准误。

数据来源：CGSS2005、CGSS2006 和 CGSS2008。

另一方面，家庭背景对初职社会经济地位的影响在高等教育群体中依然存在。父亲社会经济地位指数分别与本科学历、大专学历的交互项虽然为负数，但是都不显著，表明大学文凭获得者与高中文凭获得者相比，父亲社会经济地位对被访者的初职社会经济地位的影响未发生明显弱化，换句话说，在高等教育群体中，家庭背景对初职社会经济地位的影响依然存在。只有一个例外是，在 1950—1959 年同期群中，家庭背景效应在高等教育群体中发生了弱化现象。其原因可能是 20 世纪 50 年代出生的人接受大学教育时正好处于"文化大革命"时期。当时国家废除高考，实行推荐上大学制度，使得很大一批初中及以下学历，且多为工人、农民或解放军战士等进入大学，而这一批出身相对较低的群体因政治导向获得高等教育机会，无疑从中获益更大。并且，这一时期的高等教育受到很大程度的摧残或破坏，真正在这个阶段接受高等教育的群体在适龄教育总人口中相对较少，在"文化大革命"结束后这一群体的相对价值被放大。

虽然家庭背景效应在高等教育群体中没有弱化，但是学历越低，家庭背景对初职社会经济地位的影响确实越大。数据表明，除了模型（4），父亲社会经济地位指数分别与小学及以下学历、初中学历的交互项为正数，且达到统计意义上的显著性水平。这表明，与高中学历获得者相比，初中和小学学历获得者的初职社会经济地位更难摆脱父亲社会经济地位的影响。

在控制变量中，户籍对于被访者初职社会经济地位存在显著影响，但是这种影响随着时间的变化在不断降低，在教育扩张之后的1980—1989年同期群中已经消失。党员身份对于20世纪70年代之前出生群体的初职社会经济地位获得有帮助，而对于之后出生群体而言，其效果不再明显。其实许多研究（李路路，2003；李春玲，2008）都证实了这一点。李春玲（2008）认为经济改革开始以后政治身份屏障开始崩溃，随着执政党意识形态和社会政治政策的转变，政治身份对流动机会的影响不再重要，之所以国内部分研究发现党员这一变量还在模型中显著，是由于它反映的是其他一些因素的作用，具备某些特性或品质的人更容易成为党员，而这些特性本身在机会竞争中就是被看重的。

二　因变量为初职职业获得

在初职职业获得模型中，因变量是被访者的初职是否为管理技术类职业。由于因变量为二分变量，我们采用二元逻辑斯蒂回归。伪 R^2 是判断模型拟合程度优劣的指标之一。五个同期群模型的伪 R^2 在20%左右，表明模型中纳入的解释变量对被访者的初职职业获得具有较好的解释力。

表5.6是初职职业获得回归模型的估计结果。结果发现，一方面，教育扩张后与扩张前相比，高等教育相比高中学历在职业获得上的相对优势在降低。本科学历的回归系数在1960—1969年和1970—1979年同期群中分别是2.13和2.19，而在教育扩张之后的1980—1989年同期群中则下降到1.75；专科学历的回归系数在1960—1969年和1970—1979年同期群中都大于1，而在教育扩张之后1980—1989年的同期群中只有0.67。这意味着，与扩张前相比，扩张后接受高等教育相比高中学历对于从事管理技术类职业的帮助在降低。换句话说，教育扩张降低了高等教育的相对职业地位回报，这一结论同样部分支持了操作性研究假设1。

表5.6 教育水平对家庭背景之于初职职业获得影响的调节作用

	扩张后	改革开放—扩张前		改革开放前	
	(1) 1980—1989 年	(2) 1970—1979 年	(3) 1960—1969 年	(4) 1950—1959 年	(5) 1940—1949 年
小学及以下	—	-2.98*** (0.53)	-2.74*** (0.41)	-1.86*** (0.31)	-3.55*** (0.55)
初中	-1.71*** (0.42)	-1.17*** (0.22)	-1.23*** (0.19)	-0.63*** (0.21)	-1.37*** (0.40)
大专	0.67** (0.28)	1.71*** (0.20)	1.05*** (0.22)	1.56*** (0.29)	0.61 (0.65)
本科	1.75*** (0.31)	2.19*** (0.24)	2.13*** (0.36)	1.66*** (0.52)	0.79 (1.04)
父亲的受教育年限	0.02 (0.04)	0.02 (0.02)	-0.02 (0.02)	0.02 (0.02)	-0.04 (0.05)
母亲的受教育年限	-0.00 (0.03)	-0.03 (0.02)	0.06*** (0.02)	-0.02 (0.02)	0.05 (0.05)
父亲职业为管理技术类	0.04 (0.35)	0.57*** (0.20)	0.36* (0.19)	0.79*** (0.25)	-0.66 (0.56)
女性	0.19 (0.18)	0.24* (0.12)	0.45*** (0.12)	0.53*** (0.15)	0.71** (0.30)
年龄	-2.61** (1.10)	-0.26 (0.38)	-0.09 (0.53)	-0.17 (0.80)	-3.81 (12.77)
年龄的平方项	0.05** (0.02)	0.00 (0.01)	0.00 (0.01)	0.00 (0.01)	0.03 (0.11)
中共党员	-0.07 (0.37)	0.13 (0.20)	0.35** (0.17)	0.73*** (0.19)	0.23 (0.36)
母亲是农村户籍	0.16 (0.24)	0.20 (0.15)	0.18 (0.15)	-0.16 (0.18)	0.30 (0.34)
父亲职业为管理技术类 × 小学及以下	—	1.38 (0.92)	1.57** (0.74)	0.50 (0.63)	0.00 (.)
父亲职业为管理技术类 × 初中	1.09 (0.75)	0.67* (0.35)	0.46 (0.33)	-0.22 (0.37)	1.30* (0.75)

续表

	扩张后	改革开放—扩张前		改革开放前	
	(1) 1980—1989 年	(2) 1970—1979 年	(3) 1960—1969 年	(4) 1950—1959 年	(5) 1940—1949 年
父亲职业为管理技术类 × 大专	-0.00	-0.44	-0.01	-0.89 *	-0.12
	(0.49)	(0.31)	(0.33)	(0.48)	(1.12)
父亲职业为管理技术类 × 本科	0.01	-0.48	-0.11	-0.35	1.21
	(0.51)	(0.37)	(0.50)	(0.82)	(1.74)
截距	29.38 **	2.10	-0.35	1.54	106.58
	(13.41)	(6.05)	(10.92)	(20.58)	(372.44)
样本量	691	2181	2698	2150	552
伪 R^2	0.172	0.236	0.217	0.177	0.269

注：1. 结果变量：被访者的初职职业获得，参照组是初职为非管理技术类职业。2. 括号内为标准误。

数据来源：CGSS2005、CGSS2006 和 CGSS2008。

　　另一方面，没有足够证据表明家庭背景对初职职业获得的影响在受教育水平较高群体中发生弱化。数据显示，在家庭背景的替代变量中，父亲社会经济地位指数分别与大专学历、本科学历的交互项除模型（4）之外都不显著。这表明与高中学历获得者相比，父亲的社会经济地位对高等教育获得者从事管理技术类职业的机会比率的影响依然存在，并没有明显减弱。另外，除模型（3）外，父母的受教育年限对被访者初职职业获得的影响基本不显著，这与前面路径分析结果相吻合，可见，父母的教育水平影响子女职业地位可能主要通过作用于子女教育水平来间接实现。

　　与初职社会经济地位指数模型一样，家庭背景对初职职业获得的影响在高中以下学历获得者中更强。数据显示，模型（2）和模型（5）中父亲的社会经济地位指数与初中学历的交互项，以及模型（3）中父亲的社会经济地位指数与小学及以下学历的交互项都比较显著。这意味着与高中学历获得者相比，父亲的社会经济地位高低对初中及以下学历获得者能否从事管理技术类职业的影响更大。

　　另外，在控制变量中，户籍对于初职职业获得的影响在五个同期群中都不显著。党员身份对初职职业获得的显著正向影响只存在于 20 世纪五六十年代出生的群体中，随后这种影响变得不再明显，直至教育扩张后。

这与初职社会经济地位指数回归模型的估计结果基本一致。

总体来看，初职职业获得模型的分析结果表明教育扩张的结构化效应并不成立。虽然中国高等教育扩张增加了高等教育文凭获得者的绝对数量及其占总人口的相对比例，但是由于 OD 关联在高等教育文凭获得者中依然存在，所以教育扩张无法带来社会整体代际流动的改善。这一结论拒绝了操作性研究假设 3，从而支持了前面的理论推断。至此，实证分析结果表明，虽然教育扩张没有降低教育的社会经济地位回报，但是由于平等化效应和结构化效应均不显著，所以我们认为教育扩张没有带来更多代际流动。为了检验这一结果的可靠性，下一节将引入另外一套数据从时期效应的角度对结果的稳健性进行考察。

第五节 稳健性检验

在进行稳健性检验时，我们借鉴时期效应的分析方法，以 1996 年"当代中国的生活史和社会变迁"课题组的调查数据（以下简称 UCLA1996）[①] 和中国综合社会调查 2006 年的调查数据分别作为教育扩张前后的数据来源来考察教育扩张对代际流动的影响。UCLA1996 研究项目由美国加州大学洛杉矶分校的 Treiman 教授等与中国人民大学社会学系的研究人员共同主持。研究样本采用了分层抽样的方法调查了 6090 名年龄介于 20 岁至 69 岁之间的中国居民，其中，3087 名为城镇居民。研究询问了被访者及其父亲的职业和受教育程度等信息。但是，UCLA1996 研究项目采用的是 1968 年国际标准职业分类编码，为了便于比较，我们先将其按 1988 年国际标准职业分类进行重新编码，然后将其转换成相对应的国际社会经济地位指数（ISEI）。

首先，检验教育扩张的平等化效应。表 5.7 是教育扩张前后 OD、ED 和 OE 关联的变化趋势。结果发现，第一，教育扩张加重了教育机会不均等。数据表明，与 1996 年相比，在教育扩张之后的 2006 年，父亲的社会经济地位指数和受教育年限对被访者受教育年限影响的回归系数都在增加。第二，教育扩张并没有降低教育回报。数据表明，ED 关联的非标准

---

① 该数据可在 http：//www.sscnet.ucla.edu/issr/da/lhsccs/chinaweb.html（2015 年 1 月 1 日）下载。

化回归系数从 1996 年的 1.49 增加到 2006 年的 1.59。第三，家庭背景的直接效应有所降低，这一点符合现代化理论关于先赋性因素在地位获得过程中作用降低的趋势预测。结合非标准化系数和路径系数总体而言，代际效应在教育扩张后并没有弱化，教育扩张没有增加代际流动。数据表明，父亲的社会经济地位指数对初职社会经济地位指数的标准化回归系数在扩张前的 1996 年和扩张后的 2006 年保持不变，而父亲的受教育年限的标准化回归系数由 1996 年的 0.19 增加到 2006 年的 0.21。

表 5.7 　　　　OD、ED 和 OE 关联的变化趋势（1996 年、2006 年）

		扩张后（2006 年）	扩张前（1996 年）
总影响	父亲的社会经济地位指数	0.23（0.23）	0.22（0.23）
	父亲的受教育年限	0.68（0.21）	0.71（0.19）
OD 关联	父亲的社会经济地位指数	0.14 *** （0.14）	0.15 *** （0.15）
	父亲的受教育年限	0.15 *** （0.05）	0.24 *** （0.07）
ED 关联	受教育年限	1.59 *** （0.48）	1.49 *** （0.40）
OE 关联	父亲的社会经济地位指数	0.06 *** （0.19）	0.05 *** （0.19）
	父亲的受教育年限	0.33 *** （0.34）	0.31 *** （0.31）
样本量		10151	6090
卡方值		1.15	0.95
自由度		1	1
RMSEA 值		<0.01	<0.01
复相关系数的平方值（R^2）	受教育年限	0.22	0.20
	初职社会经济地位指数	0.32	0.27

注：括号内为标准误。

数据来源：UCLA1996 和 CGSS2006。

其次，检验教育扩张的结构化效应（见表 5.8）。总体来看，并没有充足证据表明家庭背景效应在高等教育群体中弱化，换句话说，教育扩张的结构化效应不显著。具体地说，在初职社会经济地位指数模型中，教育扩张前的 1996 年，父亲的社会经济地位指数与大专学历、本科学历的交互项都为负数，也就是说与高中学历获得者相比，家庭背景对高等教育获得者地位获得的影响要小，但是这一现象到教育扩张后的 2006 年发生了变化，父亲的社会经济地位指数与本科学历的交互项不再显著，这意味着教育扩张的结构化效应在消失。这种现象在初职职业获得模型中体现得更明显。1996 年，父亲的职业地位与本科学历的交互项依然显著，但是到了 2006 年，这一交互项的回归系数不再显著，甚至变为正数。

表 5.8　　　　　　　教育扩张的结构化效应（1996 年、2006 年）

	初职社会经济地位指数		初职职业获得	
	扩张后（2006 年）	扩张前（1996 年）	扩张后（2006 年）	扩张前（1996 年）
小学及以下	− 10.13 *** (1.07)	− 13.62 *** (1.26)	− 2.50 *** (0.22)	− 3.54 *** (0.31)
初中	− 8.53 *** (0.96)	− 10.01 *** (1.20)	− 1.24 *** (0.15)	− 2.00 *** (0.20)
大专	14.17 *** (1.63)	21.32 *** (2.58)	1.19 *** (0.18)	1.15 *** (0.28)
本科	20.06 *** (2.41)	35.00 *** (3.24)	1.93 *** (0.25)	2.71 *** (0.45)
父亲的受教育年限	0.09 * (0.05)	0.12 * (0.07)	0.01 (0.02)	0.00 (0.02)
母亲的受教育年限	0.06 (0.05)	0.09 (0.09)	0.02 (0.02)	0.00 (0.02)
父亲的社会经济地位指数[①]	0.04 * (0.02)	0.09 *** (0.03)	0.33 * (0.20)	0.56 ** (0.25)
女性	0.93 *** (0.29)	0.83 * (0.43)	0.31 *** (0.11)	0.40 *** (0.15)
年龄	− 0.79 *** (0.13)	− 1.88 *** (0.21)	− 0.14 *** (0.04)	− 0.31 *** (0.07)
年龄的平方项	0.01 *** (0.00)	0.02 *** (0.00)	0.00 *** (0.00)	0.00 *** (0.00)
中共党员	2.19 *** (0.56)	2.23 *** (0.81)	0.57 *** (0.16)	0.53 *** (0.21)
母亲是农村户籍	− 4.68 *** (0.39)	− 3.53 *** (0.62)	0.09 (0.12)	0.29 * (0.17)

续表

	初职社会经济地位指数		初职职业获得	
	扩张后 （2006 年）	扩张前 （1996 年）	扩张后 （2006 年）	扩张前 （1996 年）
父亲的社会经济地位指数 × 小学及以下[②]	0.03 （0.03）	- 0.01 （0.04）	0.28 （0.77）	0.26 （1.08）
父亲的社会经济地位指数 × 初中[②]	0.08 *** （0.03）	0.02 （0.03）	1.06 *** （0.29）	0.69 * （0.39）
父亲的社会经济地位指数 × 大专[②]	- 0.12 *** （0.04）	- 0.23 *** （0.06）	- 0.49 （0.33）	- 0.01 （0.49）
父亲的社会经济地位指数 × 本科[②]	- 0.04 （0.05）	- 0.34 *** （0.08）	0.57 （0.52）	- 1.24 * （0.72）
截距	52.84 *** （2.90）	67.12 *** （4.12）	0.75 （0.94）	3.43 *** （1.31）
样本量	4864	3238	4863	3222
R^2	0.405	0.377	—	—
调整后的 R^2	0.403	0.374	—	—
伪 R^2	—	—	0.219	0.317

注：1. [①]和[②]分别表示在初职职业获得模型中，此变量为父亲职业是管理技术类、父亲职业是管理技术类与教育层次的交互项。2. 括号内为标准误。

数据来源：UCLA1996 和 CGSS2006。

　　稳健性检验的结果支持了前面的研究结论，即教育扩张没有增加代际流动。因为无论是教育扩张的平等化效应还是结构化效应都不显著，并且教育扩张前后相比，家庭背景对初职社会经济地位的直接影响也没有像现代化理论所说的那样发生弱化。同样，检验结果也支持了教育扩张没有降低教育整体回报，但是降低了高等教育相对回报的观点。

第六节　小结

　　本章同样基于中国综合社会调查 2005 年、2006 年和 2008 年的数据，使用路径分析、多元回归和逻辑斯蒂回归方法，从同期群角度出发分析了教育扩张对代际流动的影响过程。我们的主要结论可以概括为以下几点。

第一，教育扩张没有带来更多的代际流动。与 20 世纪六七十年代出生群体相比，代际效应在教育扩张后的 80 年代群体中没有明显改变。这也支持了前一章得出的教育扩张前后代际相对流动没有改善的基本结论。中国社会在一定程度上没有出现学者们所担心的社会阶层固化的趋势，尽管如此，教育扩张似乎在增加社会阶层的开放性方面没有明显贡献。

第二，教育扩张没有显著改善教育机会不均等，这可能是教育扩张没有促进代际流动的重要原因之一。教育扩张虽然在绝对意义上提高了社会下层接受高等教育的机会，甚至增加的速率超过了社会上层，但是，教育机会的阶层差异依然存在，换句话说，教育机会不均等在教育扩张之后没有改善。正因如此家庭背景通过教育对初职社会经济地位的间接影响不会减弱，代际效应持续存在，从而无法带来更多的代际流动。这与胡荣和张义祯（2007）的研究结论一致，他们基于高等教育机会辈出率这一指标的研究结果表明现阶段中国社会各阶层间高等教育机会获得水平存在严重的不均衡情况。这意味着家庭背景对地位获得的影响将以更加隐蔽的方式进行，即通过影响子女教育水平而间接作用于其社会经济地位获得。

第三，教育扩张的结构化效应不显著，家庭背景对初职社会经济地位的影响在高等教育群体中依然存在并未发生明显弱化，这也是教育扩张无法促进代际流动的重要原因之一。按照教育扩张的结构化效应的逻辑，因为没有充足证据支持相比高中文凭获得者，家庭背景对初职社会经济地位的影响在高等教育文凭获得者中发生显著弱化，这意味着即便中国高等教育扩张增加了总人口中拥有高等教育文凭人口的绝对规模和相对比例，也仍然无法带来社会整体代际流动的改善。这一研究发现没有支持现代化理论关于家庭背景效应在较高教育群体中首先发生弱化的观点。家庭背景对初职社会经济地位的影响在高学历和低学历获得者之间不存在显著性差异，这种结构化效应的不显著在一定程度上反映出高等教育群体所面临的劳动力市场可能依旧不是完全遵循绩效原则的。

第四，教育扩张虽然降低了高等教育的相对回报，但是并没有减弱整体教育回报水平。高等教育回报的降低可以从地位竞争理论中获得解释，教育扩张在急剧增加高等教育文凭获得者数量的同时，也弱化了高等教育的信号，造成了高等教育文凭的贬值。这也解释了为什么"60 后""70 后"的大学毕业生可以凭借自身努力，不需要关系、不太费力地找到一份好工作，拥有自己比较认可的社会地位（陆学艺，2004），而现在通过高等教育改变命运变得困难这一社会现象。之所以教育的整体回报并没有降低，可能是由于高中教育的职业地位回报增加所致。

第五，尽管教育扩张前后，家庭背景对个人初职社会经济地位的影响并没有降低，但毋庸置疑的是，教育始终是决定个人初职社会经济地位高低的最重要因素，并且这种重要性与日俱增。一方面，教育作用的增强支持了现代化理论的观点，也符合人们对教育的美好期许。另一方面，家庭背景的影响没有像现代化理论所主张的那样表现出弱化的趋势，反而有所增强。这一结论呼应了 Iannelli 和 Paterson（2005）对苏格兰、Bukodi 和 Golthorpe（2011）对英国、Mastekaasa（2011）对挪威的研究，也拓展了张翼（2004）和李煜（2007）关于改革开放后家庭社会经济地位对子女地位获得影响依旧存在的观点，至少在教育扩张时期这一观点仍然成立。家庭背景直接效应和间接效应的存在值得警惕。因为当家庭资源差异随着社会阶层分化而拉大时，在教育获得和初职社会经济地位获得这两个过程中，家庭背景的作用都会放大，代际流动的模式将日益趋向于不平等条件下家庭地位的再生产模式，社会各阶层间壁垒进一步扩大甚至断裂，社会将日益走向封闭（李煜，2009）。

至此，仍然有两个疑问没有解决。其一，考虑到高等教育的异质性，研究生学历是否有助于个人在地位获得时摆脱家庭背景的束缚？因为有研究发现（Torche，2011）代际效应在高等教育内部不同学历层次之间存在差异。其二，教育机会不均等表明优势阶层可以凭借教育策略来维持自身地位，实现地位传递，那么在教育扩张后，不同阶层在教育策略选择上有何差异？由于数据限制，本章中的高等教育只包含了大专学历和本科学历，同时也没有涉及专业领域，因此无法对上述问题作出回答，而这些正是下一章将要解决的问题。

第六章

扩张后的高等教育与代际效应[*]

中国的高等教育扩张不仅是本、专科生在扩张，研究生规模也在不断增加。本章主要分析在教育扩张后，高等教育内部的不同学历层次在跨越代际效应上的差异，尤其是追求研究生学历是否有助于在地位获得时摆脱家庭背景的束缚，并在原因解释时探讨不同阶层在教育扩张后的流动策略选择。本章的研究对象是教育扩张之后接受高等教育的高校毕业生。对这一群体的初职社会经济地位获得研究存在方法上的便利，因为他们基本都没有工作经历，这有助于通过控制工作能力因素来解决个体异质性导致的遗漏变量偏误，得到教育、家庭背景对初职社会经济地位影响更为准确的估计。

根据前面的理论分析和假设，本章的操作性研究假设如下：

操作性研究假设 1：父亲从事管理技术类职业、父亲的受教育年限、母亲的受教育年限和家庭收入对初职起薪、初职职业获得的影响在本科毕业生和研究生毕业生之间存在显著性差异。

操作性研究假设 2：低家庭收入、父亲低职业地位出身的学生更多集中在非重点大学，并且专业选择时更多选择理学或工学专业；高家庭收入、父亲高职业地位出身的学生更多集中在重点大学，并且更多选择经济或管理类专业、文史哲类专业。

第一节　样本描述

本章的数据来源于北京大学教育学院课题组对全国高校毕业生的抽样调查。该调查从教育扩张后高校毕业生就业的第一年（2003 年）开始，

---

* 本章内容整理后曾发表在《教育研究》（CSSCI）2016 年第 10 期。

至今共进行过六次。表 6.1A 是样本数据的基本情况描述。总体来看，教育水平以本科学历为主，其次是专科学历，最高是研究生学历；专业领域以理工类学科为主，占 48.3%，其次是经济学和管理学，最低的是农学和医学类。家庭背景的替代变量包括父母亲的教育水平、职业类型和家庭收入。其中，有 57.8%（43.4%）毕业生的父亲（母亲）拥有高中及以上学历；有 7.8% 的毕业生来自高收入家庭；有 19.5%（11.2%）的毕业生父亲（母亲）职业地位相对较高，从事管理技术类职业。

从毕业生的人口统计学特征和其他人力资本变量来看，性别结构中男性多于女性；党员比例较高；超过一半的毕业生都有英语水平证书；辅修生或双学位学生的比例并不高，只占 13.9%；有 53% 的毕业生获得过奖助学金；有 35.1% 的毕业生学业成绩班内排名前 25%；重点大学的毕业生比例占 35.4%；来自东部高校的毕业生比例占到一半。

表 6.1A GSE 样本的描述统计 （%）

	项目	2003 年	2005 年	2007 年	2009 年	2011 年	2013 年	总体
教育水平	专科生	16.8	17.1	41.4	26.5	48.7	27.2	29.4
	本科生	77.5	76.8	48.2	56.7	44.2	56.7	60.5
	硕士生	5.7	6.2	10.4	16.9	7.2	16.1	10.1
专业领域	文史哲	13.5	13.2	11.1	11.9	12.7	10.3	12.2
	经济学/管理学	20.7	19.7	30.1	20	38.6	24.5	25.6
	教育学/法学	5.5	12.7	9.3	7.2	6.0	4.7	7.8
	理学/工学	56.4	49.3	39.7	54.7	37.3	54.1	48.3
	农学/医学	3.8	5.2	9.9	6.2	5.5	6.4	6.0
父亲的教育水平	大专及以上	26.5	27.2	28.2	26.2	20.2	23.8	25.3
	高中或中专	30.8	31.3	34.2	37.5	31.5	29.8	32.5
	初中	25.2	26.1	25.2	25.2	33.2	31.1	27.7
	小学及以下	17.4	15.5	12.4	11.1	15.0	15.4	14.5
母亲的教育水平	大专及以上	14.1	17.7	18.3	18.4	12.8	16.7	16.3
	高中或中专	24.8	26.0	30.2	32.3	25.1	25.0	27.1
	初中	25.7	23.6	26.9	26.3	33.6	29.6	27.6
	小学及以下	35.3	32.7	24.5	23.1	28.4	28.7	29.0

续表

项目		2003 年	2005 年	2007 年	2009 年	2011 年	2013 年	总体
家庭收入	高家庭收入	—	2.3	3.7	10.0	10.0	13.3	7.8
	中家庭收入	—	22.1	13.6	31.3	29.0	30.9	25.5
	低家庭收入	—	75.6	82.7	58.7	61.0	55.8	66.7
父亲职业是管理技术类		23.5	18.9	15.3	17.0	13.0	34.2	19.5
母亲职业是管理技术类		12.6	11.7	9.0	8.5	5.3	24.2	11.2
高考时家庭所在地是农村		43.6	51.8	35.7	36.8	39.7	29.1	40.4
女性		35.4	38.7	41.1	40.0	51.1	41.5	41.5
中共党员		28.5	36.1	32.5	40.2	36.6	41.9	36.0
担任过学生干部		55.5	60.7	55.5	60.7	61.3	60.8	59.3
有英语水平证书		68.2	67.4	68.5	81.7	74.9	74.7	72.4
辅修生或双学位		13.7	11.2	16.9	13.8	15.3	13.6	13.9
获得过奖助学金		56.7	51.2	47.6	54.7	55.1	52.5	53.0
学业成绩班内排名	前 25%	35.5	33.4	34.6	36.8	36.7	33.8	35.1
	25%—50%	39.3	44.8	45.3	40.3	44.0	42.7	42.8
学校选拔性	重点大学	50.5	42.1	22.5	33.2	24.3	38.7	35.4
	一般高校	34.5	43.4	35.5	42.6	21.2	31.9	35.0
	高职高专	15.1	14.4	42.1	24.2	54.6	29.4	29.6
学校所在地区	东部地区	52.0	39.8	62.9	74.7	36.5	39.7	50.0
	中部地区	13.7	33.2	31.1	16.5	27.0	38.5	26.8
	西部地区	34.3	26.9	6.0	8.7	36.5	21.8	23.2
就业所在地为大中城市		79.3	72.0	80.1	83.6	80.2	86.1	79.8
初职是管理技术类		72.9	73.6	61.9	76.0	62.3	65.5	68.9
初职在国有部门		76.7	68.1	50.6	58.1	40.8	48.4	57.1

数据来源：GSE2003－2013。

从就业情况来看，有近 80% 的毕业生在大中城市就业，与毕业生高考时家庭所在地的比例对比我们可以推测出，有至少一半的农村籍毕业生在大中城市找到工作。70% 的毕业生从事管理技术类职业，并且大约有 60% 的毕业生在国有部门就业，但是从不同年份来看，这一比例基本呈下降趋势，非国有部门或市场部门将越来越成为吸纳毕业生的主体。

当我们把父母亲的受教育年限转换为连续变量后，通过表 6.1B 可以看出，毕业生父亲的平均受教育年限为 11 年，母亲的平均受教育年限相对较低，但是也高达 10 年左右。把这一数据与前面 CGSS 调查的结果对比可以发现，教育扩张之后的高等教育群体普遍来自文化资本较高的家庭。从平均月起薪来看，总体而言，毕业生的起薪水平从教育扩张至今在不断增加。2013 年的起薪水平明显高于 2011 年，可能是因为 2013 年调查中研究生群体比例相对较高所致。

表 6.1B   GSE 样本的描述统计

	2003 年	2005 年	2007 年	2009 年	2011 年	2013 年	总体
父亲的受教育年限	11.1	11.2	11.4	11.5	10.7	10.9	11.1
母亲的受教育年限	9.0	9.4	10.0	10.2	9.4	9.6	9.6
平均月起薪*	1584.2	1659.3	1798.1	2328.1	2395.3	3347.5	2167.2
初职起薪的对数	7.2	7.2	7.3	7.6	7.7	8.0	7.5

注：* 表示平均月起薪采用原始数值，未经过消涨处理；单位：人民币元。

数据来源：GSE2003 - 2013。

第二节　研究模型

影响高校毕业生初职起薪或职业获得的因素既有学生层面，又有学校层面，并且由于很多毕业生来自同一所高校，导致研究数据存在嵌套性问题。面对这种情况，传统回归分析通常是把学校层面的数据在个体层面上进行整合，这个过程实际上忽略了学校与学校之间的差异，影响了估计结果的准确性。在 20 世纪 80 年代末的时候，为弥补传统回归分析的不足，解决普遍存在的数据嵌套问题，多水平模型应运而生。该模型将不同层次的变量分层计算，分别估计各层变量所造成的误差，其结果能更准确地反映自变量与因变量之间的实际关系。因此，本书将使用两水平模型考察毕业生的初职社会经济地位情况。

依据两水平模型的分析思路，可以将初职社会经济地位的总方差分解为学校内和学校间两个层次。同理，误差项也被分解为两部分。模型的假设是第一水平的误差在毕业生个体间相互独立，第二水平的误差在学校间相互独立，然后在不同层次分别引入自变量来对组内变异和组间变异进行解释。在本书中，学生层面的变量包括教育水平、专业领域、家庭背景、家庭背景与教育水平的交互项、家庭背景与专业领域的交互项、性别、其他人力资本变量、就业单位所在地和就业部门类型等。学校层面的变量包括学校选拔性和学校所在地区。两水平模型的因变量既可以是连续性变量，也可以为类别变量。当因变量为初职起薪时，模型如下：

第一水平：学生层面模型：

$$Y_{ij} = \beta_{0j} + \beta_{1j} X_1 + \beta_{2j} X_2 + \beta_{3j} X_3 + \beta_{4j} X_3 \times X_1 + \beta_{5j} X_3 \times X_2 + \beta_{6j} X_4 + R_{ij}$$

第二水平：学校层面模型：

$$\beta_{0j} = G_{00} + G_{0j} X_1 + \mu_{0j}$$

$$\beta_{1j} = G_{10} + \mu_{1j}$$

$$\beta_{2j} = G_{20} + \mu_{2j}$$

$$\beta_{3j} = G_{30} + \mu_{3j}$$

$$\beta_{4j} = G_{40} + \mu_{4j}$$

$$\beta_{5j} = G_{50} + \mu_{5j}$$

$$\beta_{6j} = G_{60} + \mu_{6j} \qquad\qquad (6.1)$$

其中，在学生层面模型中，Y_{ij} 是学校 j 中毕业生 i 的起薪；β_{0j} 是学校 j 中毕业生的平均起薪；β_{1j} 至 β_{3j} 分别是学校 j 中毕业生的教育水平、专业领域和家庭背景的影响系数；β_{4j} 和 β_{5j} 分别是学校 j 中毕业生的家庭背景与教育水平、家庭背景与专业领域交互项的影响系数；β_{6j} 是控制变量的影响系数；R_{ij} 是第一水平学生层面的随机效应，即学校 j 中毕业生 i 同学校 j 平均起薪的离差。假定离差服从平均值为 0，组内方差为 δ^2 的正态分布。

在学校层面模型中，G_{00} 是所有高校毕业生的平均起薪；G_{0j} 是学校特征（包括学校选拔性和学校所在地区）的影响系数；μ 是学校 j 的随机效应，即学校 j 与所有学校起薪均值的离差。这里假定离差服从均值为 0，组内方差为 τ_π 的正态分布。

当因变量为二分变量的初职职业获得时，需要采用多层线性模型的一种高级形式——广义多层线性模型（Hierarchical Generalized Linear Models）。计量模型如下：

第一水平：学生层面模型：

$$\log\left(\frac{P_{ij}}{1 - P_{ij}}\right) = \beta_{0j} + \beta_{1j} X_1 + \beta_{2j} X_2 + \beta_{3j} X_3 + \beta_{4j} X_3 \times X_1 + \beta_{5j} X_3 \times X_2 + \beta_{6j} X_4 + R_{ij}$$

第二水平：学校层面模型：

$$\beta_{0j} = G_{00} + G_{0j} X_1 + \mu_{0j}$$
$$\beta_{1j} = G_{10} + \mu_{1j}$$
$$\beta_{2j} = G_{20} + \mu_{2j}$$
$$\beta_{3j} = G_{30} + \mu_{3j}$$
$$\beta_{4j} = G_{40} + \mu_{4j}$$
$$\beta_{5j} = G_{50} + \mu_{5j}$$
$$\beta_{6j} = G_{60} + \mu_{6j} \tag{6.2}$$

其中，在学生层面模型中，P_{ij} 表示学校 j 中毕业生 i 从事管理技术类职业的概率，$\dfrac{P_{ij}}{(1-P_{ij})}$ 是学校 j 中毕业生 i 从事管理技术类职业与从事非管理技术类职业两者之间概率的优势比（Odds Ratio），定义为从事管理技术类职业的机会比率。$\log(P)$ 为机会比率的对数。β_{0j} 是学校 j 中毕业生从事管理技术类职业机会比率的均值；β_{1j} 至 β_{3j} 分别是学校 j 中毕业生的教育水平、专业领域和家庭背景的影响系数；β_{4j} 和 β_{5j} 分别是学校 j 中毕业生的家庭背景与教育水平、家庭背景与专业领域交互项的影响系数；β_{6j} 是控制变量的影响系数；R_{ij} 是第一水平学生层面的随机效应，即毕业生 i 同学校 j 毕业生从事管理技术类职业的机会比率的均值的离差。假定离差服从平均值为 0，组内方差为 δ^2 的正态分布。

在学校层面模型中，G_{00} 是所有高校毕业生从事管理技术类职业的机会比率的均值；G_{0j} 是学校特征（包括学校选拔性和学校所在地区）的影响系数；μ 是学校 j 的随机效应，即学校 j 与所有学校均值的离差。这里假定离差服从均值为 0，组内方差为 τ_π 的正态分布。

第三节　高校毕业生的地位获得

一　初职起薪的影响因素

在初职起薪的两水平模型中，因变量是毕业生的月起薪，自变量是毕业生的教育水平、专业领域和家庭背景。其中，教育水平分为研究生学历、本科学历和专科学历三类，以本科学历为参照组。专业领域被合并为五大类，分别是文史哲、教育学/法学、经济学/管理学、理学/工学以及农学/医学，以理学/工学为参照组。家庭背景的替代指标是父亲的职业类型、父母亲的受教育年限和家庭人均年收入，其中，父亲职业类型是指父亲是否从事管理技术类职业，以非管理技术类职业为参照组；家庭人均年收入分为高、中和低三类，以低家庭收入为参照组。控制变量包括学生层面的班内学业成绩排名、是否为党员、是否为学生干部、是否为双学位或辅修生、是否有英语资格证书、是否获得过奖助学金、性别、高考时家庭所在地、职业类型、单位类型以及学校层面的学校选拔性和学校所在地区。每个变量的具体分类和参照组可参见本书第三章的变量介绍。

在构建两水平模型之前，我们先构建了初职起薪的零模型。在零模型中除了包含因变量外，学生层面和学校层面都没有加入任何自变量。结果显示，学校水平的方差是 0.09，学生水平的方差是 0.15，学校内相关：0.09/（0.09 + 0.15）= 0.375。这意味着毕业生初职起薪的总变异中有 37.5% 来自学校之间的差异，因此有必要采用两水平模型做进一步分析。

表 6.2 是毕业生初职起薪的固定效应回归结果。结果表明，首先，教育水平和专业领域都是影响毕业生初职起薪高低的重要因素。具体地说，从教育水平来看，学历越高，起薪越高。研究生相比本科生，起薪优势明显；而专科生的起薪要显著低于本科生。从专业领域来看，不同专业领域的毕业生起薪存在差异。具体地说，与理学或工学专业相比，文史哲专业的起薪在 2007—2011 年要显著更低，其他年份无显著差异；经济学或管理学的起薪在 2003 年、2007 年和 2011 年显著更低，其他年份无显著差异；教育学或法学专业的起薪除了在 2007 年无显著差异外，其余年份都要显著更低，2009 年稍微高于工学或理学专业；农学或医学专业在 2007 年、2009 年和 2011 年的起薪都要显著更低，其余年份无显著差异。

表 6.2　　　　　　　　　　初职起薪的影响因素

		2003 年	2005 年	2007 年	2009 年	2011 年	2013 年
固定效应	截距	7.01*** (0.12)	6.91*** (0.08)	7.2*** (0.1)	7.08*** (0.1)	7.71*** (0.08)	7.73*** (0.09)
	重点大学	0.22** (0.09)	0.27*** (0.07)	0.44*** (0.14)	0.25*** (0.08)	0.26*** (0.08)	0.27*** (0.09)
	高职高专	0.16 (0.11)	-0.08 (0.07)	-0.09 (0.1)	-0.01 (0.1)	-0.14* (0.07)	-0.07 (0.09)

续表

		2003 年	2005 年	2007 年	2009 年	2011 年	2013 年
	学校所在地为东部地区	0.13 (0.12)	0.12 * (0.07)	- 0.03 (0.1)	0.12 (0.09)	- 0.01 (0.07)	0.09 (0.08)
	学校所在地为西部地区	- 0.16 (0.11)	- 0.03 (0.07)	- 0.19 (0.18)	- 0.07 (0.14)	- 0.11 (0.07)	- 0.04 (0.09)
	专科	- 0.16 *** (0.04)	- 0.09 * (0.05)	- 0.16 *** (0.04)	- 0.18 *** (0.04)	- 0.14 *** (0.02)	- 0.13 *** (0.04)
	研究生	0.39 *** (0.09)	0.29 *** (0.04)	0.27 *** (0.03)	0.4 *** (0.02)	0.28 *** (0.03)	0.3 *** (0.03)
	文史哲	- 0.01 (0.02)	0.02 (0.03)	- 0.1 *** (0.03)	0 (0.03)	- 0.1 *** (0.02)	- 0.04 (0.03)
	经济学/管理学	- 0.05 ** (0.02)	- 0.04 (0.03)	- 0.07 *** (0.02)	0.01 (0.02)	- 0.08 *** (0.01)	- 0.02 (0.02)
	教育学/法学	- 0.15 ** (0.08)	- 0.08 *** (0.03)	- 0.04 (0.03)	0.06 * (0.03)	- 0.11 *** (0.03)	- 0.07 ** (0.03)
固定效应	农学/医学	- 0.03 (0.02)	- 0.08 (0.1)	- 0.21 *** (0.04)	- 0.1 *** (0.04)	- 0.18 *** (0.03)	- 0.02 (0.04)
	父亲的职业是管理技术类	0.05 *** (0.02)	0.02 (0.03)	- 0.03 (0.02)	0.03 (0.02)	0.03 (0.02)	0.03 ** (0.02)
	父亲的受教育年限	0.01 *** (0)	0 (0)	0 (0)	0 * (0)	0 (0)	0 (0)
	母亲的受教育年限	0 (0)	0 (0)	0 (0)	0 (0)	0 (0)	0 (0)
	中家庭收入	—	0.08 *** (0.02)	0.15 *** (0.02)	0.04 *** (0.02)	0.03 ** (0.01)	0.03 ** (0.01)
	高家庭收入	—	0.21 *** (0.06)	0.35 *** (0.04)	0.12 *** (0.03)	0.13 *** (0.02)	0.08 *** (0.02)
	家庭社会联系广泛	—	0.07 *** (0.02)	0.05 *** (0.02)	0.05 ** (0.02)	0.01 (0.02)	0.03 (0.02)
	农村	- 0.01 (0.02)	- 0.04 ** (0.02)	0 (0.01)	0.01 (0.02)	- 0.01 (0.01)	0 (0.02)

续表

		2003 年	2005 年	2007 年	2009 年	2011 年	2013 年
固定效应	女性	-0.06*** (0.02)	-0.05** (0.02)	-0.07*** (0.01)	-0.08*** (0.02)	-0.07*** (0.01)	-0.08*** (0.01)
	汉族	-0.03 (0.04)	-0.04* (0.02)	-0.02 (0.03)	0.02 (0.03)	-0.03 (0.03)	-0.01 (0.03)
	学业成绩班内排名前25%	0.02 (0.01)	0.03 (0.03)	0.03 (0.02)	0.01 (0.02)	0.04*** (0.02)	0.09*** (0.02)
	学业成绩班内排名25%—50%	-0.02 (0.01)	0.02 (0.02)	0.02 (0.02)	0.01 (0.02)	0 (0.02)	0 (0.02)
	中共党员	0.03 (0.02)	0.02 (0.02)	0 (0.02)	0.02 (0.02)	0.02 (0.01)	-0.02 (0.01)
	担任过学生干部	0.04*** (0.01)	0.01 (0.01)	0.04*** (0.01)	0.04*** (0.02)	0.06*** (0.01)	0.03* (0.01)
	有英语水平证书	0.12*** (0.04)	0.07*** (0.03)	0.05*** (0.02)	0.03 (0.02)	0.01 (0.01)	0.02 (0.02)
	辅修生或双学位	0.02 (0.02)	0.01 (0.03)	0.01 (0.02)	0.03 (0.02)	0 (0.02)	0.01 (0.02)
	获得过奖助学金	0 (0.02)	0.03 (0.02)	0 (0.01)	0.02 (0.02)	0 (0.01)	0.01 (0.01)
	就业地为大中城市	0.07*** (0.03)	0.12*** (0.03)	0.04** (0.02)	0.08*** (0.02)	0.06*** (0.01)	0.06*** (0.01)
	初职为管理技术类	0.02 (0.02)	0.05** (0.03)	0.06*** (0.02)	0.04** (0.02)	0.03*** (0.01)	0.02 (0.01)
	初职在国有部门	-0.11*** (0.03)	-0.14*** (0.02)	-0.06*** (0.02)	0.03* (0.02)	-0.02** (0.01)	-0.03** (0.01)
随机效应	第二水平方差	0.04 (0.21)	0.03 (0.17)	0.05 (0.22)	0.03 (0.18)	0.02 (0.14)	0.03 (0.18)
	第一水平方差	0.13 (0.36)	0.17 (0.42)	0.15 (0.39)	0.15 (0.39)	0.12 (0.34)	0.12 (0.35)
	离异数（-2LL）	2659.99	4284.16	3820.26	3141.29	3023.06	2651.81

注：括号内为标准误。

数据来源：GSE2003-2013。

　　其次，家庭背景是影响高校毕业生初职起薪的重要因素，换句话说，代际效应在高等教育群体中依然存在。一方面，家庭收入水平与毕业生的起薪水平成正比，家庭收入越高，起薪越高；另一方面，家庭收入对初职起薪的影响随着时间推移表现出下降的趋势。数据表明，高家庭收入和中家庭收入的回归系数从 2007 年到 2013 年基本上在不断变小，比如中家庭收入的回归系数从 2007 年的 0.15 下降到 2013 年的 0.03。另外，父亲的职业类型和父母亲的受教育年限对初职起薪的影响除个别年份外，基本不显著，这暗示着父亲的职业地位和受教育年限对子女的社会经济地位可能更多是间接作用，比如以影响子女的教育水平为中介。广泛的家庭社会关系有助于提高毕业生的起薪，这一点在 2005 年、2007 年和 2009 年的模型中被证实。

　　最后，从控制变量来看，女性的起薪都要显著低于男性。学业成绩班内排名前 20% 的毕业生，起薪水平显著高于班内排名后 50% 的毕业生，但是这种显著影响只在 2011 年和 2013 年存在。党员身份对初职起薪不存在显著性影响。担任过班干部明显有助于提高毕业生的起薪水平。拥有英语水平证书有助于提高起薪水平，但这一优势在 2007 年之后消失。读双学位或辅修其他专业对于增加初职起薪的优势不明显，同时，也没有证据显示获得过奖助学金的学生在初职起薪上占据优势。从就业情况来看，管理技术类职业的起薪水平要高于非管理技术类职业；到国有部门就业的毕业生的起薪水平除 2009 年外，都要低于非国有部门。就学校层面因素而言，重点大学毕业生的起薪显著高于一般高校毕业生，但是高职高专毕业生与一般高校毕业生之间没有显著差异；学校所在地对毕业生起薪的影响并不显著。

二　初职职业获得的影响因素

　　在初职职业获得的两水平模型中，因变量为初职是否为管理技术类职业。自变量是教育水平、专业领域和家庭背景，控制变量在初职起薪模型的基础上删除了初职职业类型和单位类型。由于因变量是二分变量，模型采用广义多层线性模型。表 6.3 是初职职业获得两水平模型的固定效应估计结果。

表 6.3　　　　　　　　　　　　初职职业获得的影响因素

		2003 年	2005 年	2007 年	2009 年	2011 年	2013 年
固定效应	截距	1.26*** (0.3)	0.92*** (0.31)	-0.43 (0.38)	0.64* (0.34)	0.79*** (0.28)	1.47*** (0.35)
	重点大学	-0.12 (0.24)	-0.03 (0.2)	0.09 (0.49)	0.47*** (0.17)	0.12 (0.14)	-0.24 (0.26)
	高职高专	-0.66 (0.4)	-0.17 (0.3)	-0.15 (0.36)	0.66** (0.26)	-0.2 (0.17)	-0.31 (0.29)
	学校所在地为东部地区	-0.12 (0.24)	-0.04 (0.22)	0.5 (0.34)	-0.1 (0.2)	0.02 (0.12)	-0.33 (0.24)
	学校所在地为西部地区	0.02 (0.26)	0.57** (0.24)	0.31 (0.61)	-0.25 (0.28)	-0.01 (0.12)	-0.05 (0.27)
	专科	-0.63 (0.43)	-0.81*** (0.15)	-0.71*** (0.2)	-0.79*** (0.21)	-0.43** (0.2)	-0.52*** (0.2)
	研究生	1.76*** (0.37)	0.63*** (0.22)	1*** (0.2)	0.57*** (0.15)	0.62*** (0.2)	0.46*** (0.16)
	文史哲	-0.23 (0.19)	-0.15 (0.13)	0.45*** (0.14)	-0.09 (0.16)	-0.39** (0.2)	-0.99*** (0.15)
	经济学/管理学	-0.63*** (0.14)	-0.52*** (0.11)	0.01 (0.09)	-0.11 (0.11)	-0.28** (0.12)	-1.06*** (0.11)
	教育学/法学	0.27 (0.27)	0.71*** (0.16)	0.6*** (0.16)	0.56*** (0.23)	-0.13 (0.24)	-1.03*** (0.19)
	农学/医学	-0.86*** (0.19)	-0.25 (0.2)	0.56*** (0.2)	-0.15 (0.19)	-0.55*** (0.21)	-0.71*** (0.24)
	父亲的职业是管理技术类	0 (0.1)	0.38*** (0.12)	0.52*** (0.12)	0.14 (0.14)	0.35*** (0.09)	0.6*** (0.1)
	父亲的受教育年限	0.01 (0.01)	0.02 (0.01)	0.03*** (0.01)	0.01 (0.02)	-0.01 (0.02)	0 (0.02)
	母亲的受教育年限	0 (0.01)	0 (0.01)	0.01 (0.01)	0.01 (0.01)	0.01 (0.01)	0.01 (0.01)
	中家庭收入	—	0.03 (0.1)	-0.02 (0.11)	0.05 (0.1)	0.03 (0.09)	-0.19** (0.09)

续表

		2003 年	2005 年	2007 年	2009 年	2011 年	2013 年
固定效应	高家庭收入	—	- 0. 18 (0. 26)	0. 12 (0. 2)	0. 17 (0. 17)	0. 17 (0. 14)	- 0. 21 * (0. 13)
	家庭社会联系广泛	—	0. 18 ** (0. 09)	0. 28 *** (0. 1)	- 0. 05 (0. 12)	0. 19 * (0. 11)	0 (0. 12)
	农村	- 0. 02 (0. 1)	0. 06 (0. 09)	0 (0. 08)	- 0. 06 (0. 09)	- 0. 04 (0. 07)	0. 1 (0. 1)
	女性	- 0. 33 *** (0. 1)	- 0. 22 *** (0. 09)	- 0. 33 *** (0. 08)	- 0. 27 *** (0. 1)	- 0. 08 (0. 07)	- 0. 45 *** (0. 09)
	汉族	0. 02 (0. 18)	- 0. 33 ** (0. 14)	0. 11 (0. 16)	0. 03 (0. 18)	- 0. 1 (0. 15)	- 0. 01 (0. 17)
	学业成绩班内排名前25%	0. 45 *** (0. 12)	0. 29 *** (0. 12)	0. 1 (0. 11)	0. 29 ** (0. 12)	0. 23 (0. 16)	0. 37 *** (0. 12)
	学业成绩班内排名25%—50%	0. 26 * (0. 15)	0. 17 * (0. 1)	0. 03 (0. 1)	0. 14 (0. 11)	0. 13 (0. 12)	0. 02 (0. 1)
	中共党员	0. 08 (0. 12)	- 0. 04 (0. 09)	0. 2 ** (0. 08)	- 0. 01 (0. 1)	0. 12 ** (0. 06)	0. 21 ** (0. 09)
	担任过学生干部	0. 08 (0. 11)	0. 07 (0. 08)	0. 08 (0. 07)	0. 2 ** (0. 09)	- 0. 03 (0. 06)	- 0. 04 (0. 09)
	有英语水平证书	0. 05 (0. 18)	0. 13 (0. 1)	- 0. 03 (0. 09)	- 0. 03 (0. 11)	- 0. 01 (0. 07)	- 0. 07 (0. 1)
	辅修生或双学位	- 0. 36 *** (0. 12)	0. 07 (0. 12)	0. 24 *** (0. 1)	0. 23 * (0. 13)	0. 09 (0. 11)	- 0. 03 (0. 12)
	获得过奖助学金	- 0. 01 (0. 09)	0. 01 (0. 08)	0. 18 ** (0. 08)	0. 02 (0. 1)	0. 09 (0. 08)	0 (0. 09)
	就业地为大中城市	- 0. 11 (0. 09)	- 0. 14 (0. 09)	- 0. 24 *** (0. 09)	0. 02 (0. 11)	- 0. 01 (0. 1)	- 0. 14 (0. 12)

注：括号内为标准误。

数据来源：GSE2003 - 2013。

首先，教育水平和专业领域同样是影响毕业生初职职业获得的重要因素。具体地说，从教育水平来看，研究生学历比本科学历的毕业生从事管理技术类职业的机会比率更高，而专科学历的毕业生从事管理技术类职业的机会比率显著低于本科学历的毕业生。从专业领域来看，职业获得存在专业领域差异。具体地说，与理学或工学专业相比，文史哲专业在 2011年和 2013 年从事管理技术类职业的机会比率相对更低，在 2007 年显著更高，其他年份则无显著差异；经济学或管理学专业除 2007 年和 2009 年外，从事管理技术类职业的机会比率都要显著更低；教育学或法学专业在 2005 年、2007 年和 2009 年模型中显著更高，在 2013 年显著更低，其他年份无显著差异；农学或医学专业在 2003 年、2011 年和 2013 年，从事管理技术类职业的机会比率要显著更低，在 2007 年显著更高，其余年份不明显。这也支持了 Wolniak 等（2008）对美国的研究结论，即大学的专业选择会影响其未来的职业地位。

其次，家庭背景对高校毕业生初职职业获得的影响显著存在。在家庭背景的替代变量中，父亲的职业地位是最显著的。父亲从事管理技术类职业能够显著增加其子女从事管理技术类职业的机会比率，在除 2003 年和 2009 年的其他年份模型中都得以体现。父亲的教育水平对其子女初职职业获得的影响只在 2007 年的模型中显著，且回归系数较小，而母亲的教育水平在所有模型中均不显著。家庭人均年收入对被访者初职职业获得的影响只在 2013 年的模型中显著，并且家庭收入越高，反而降低了毕业生从事管理技术类职业的机会比率。广泛的家庭社会关系有助于提高毕业生从事管理技术类职业的机会比率，这一点在 2005 年、2007 年和 2011 年模型中被证实。

最后，从控制变量来看，女性从事管理技术类职业的机会比率要低于男性。学业成绩越好，从事管理技术类职业的机会比率越高。政治身份会显著影响毕业生的职业地位，数据表明，党员身份在 2007 年、2011 年和 2013 年模型中都显著增加了毕业生从事管理技术类职业的机会比率。担任过学生干部对毕业生的初职职业获得的影响只在 2009 年显著。是否有英语水平证书并不会对初职职业获得产生显著影响。读双学位或辅修其他专业对初职职业获得的影响并不稳定，在 2007 年和 2009 年模型中显著提高了毕业生从事管理技术类职业的机会比率，但是在 2003 年的模型中则为负向影响。获得过奖助学金对毕业生初职职业获得的影响只在 2007 年显著。就业地对毕业生初职职业获得的影响虽然在 2007 年模型中为负向影响，但是在其他年份都不显著。就学校层面因素而言，学校选拔性（2009 年模型除外）和学校所在地对于毕业生职业获得的影响基本都不显著。

　　总体来看，教育水平、专业领域和家庭背景都是影响毕业生初职社会经济地位的重要因素。接下来，笔者将考察教育水平和专业领域的调节作用，即相比本科学历获得者，代际效应在研究生学历获得者中是否更弱；代际效应是否在不同专业领域毕业生的地位获得中存在差异。

第四节　学历层次、专业领域对代际效应的调节作用

一　学历、专业对初职起薪代际效应的调节作用

　　为了考察教育水平、专业领域对代际效应的调节作用，在上述初职起薪两水平模型的基础上，我们在第一水平教育水平、专业领域和家庭背景变量都显著的模型中，加入家庭背景与教育水平、家庭背景与专业领域的交互项。表 6.4 是含交互项的初职起薪两水平模型的固定效应估计结果。

表 6.4　教育水平、专业领域对家庭背景之于初职起薪影响的调节作用

		2003 年	2005 年	2007 年	2009 年	2011 年	2013 年
固定效应	父亲的职业是管理技术类×专科	-0.09* (0.05)	—	—	—	—	0.01 (0.03)
	父亲的职业是管理技术类×研究生	-0.01 (0.09)	—	—	—	—	-0.02 (0.04)
	父亲的受教育年限×专科	0 (0.01)	—	—	-0.01 (0.01)	—	—
	父亲的受教育年限×研究生	-0.01 (0.01)	—	—	0 (0.01)	—	—
	母亲的受教育年限×专科	—	0 (0.01)	—	—	—	—
	母亲的受教育年限×研究生	—	0.01 (0.01)	—	—	—	—
	家庭社会联系广泛×专科	—	0.06 (0.05)	0 (0.04)	0.03 (0.04)	—	—

续表

		2003 年	2005 年	2007 年	2009 年	2011 年	2013 年
固定效应	家庭社会联系广泛×研究生	—	−0.02 (0.07)	0.12 (0.08)	0.04 (0.06)	—	—
	中家庭收入×专科	—	0.01 (0.05)	−0.06 (0.04)	−0.04 (0.04)	0.01 (0.03)	0 (0.03)
	中家庭收入×研究生	—	−0.19*** (0.08)	−0.04 (0.07)	−0.1** (0.04)	−0.04 (0.05)	−0.01 (0.04)
	高家庭收入×专科	—	−0.15 (0.12)	−0.14* (0.08)	−0.06 (0.06)	0.06 (0.04)	−0.04 (0.05)
	高家庭收入×研究生	—	0.12 (0.22)	−0.01 (0.13)	−0.08 (0.07)	−0.01 (0.07)	0.11* (0.06)
	父亲的职业是管理技术类×经济学/管理学	0.14*** (0.04)	—	—	—	—	—
	父亲的职业是管理技术类×教育学/法学	0.01 (0.08)	—	—	—	—	0.03 (0.06)
	家庭社会联系广泛×文史哲	—	—	0.19*** (0.06)	—	—	—
	家庭社会联系广泛×经济学/管理学	—	—	−0.01 (0.04)	—	—	—
	家庭社会联系广泛×教育学/法学	—	0.03 (0.05)		0.02 (0.07)	—	—
	家庭社会联系广泛×农学/医学	—	0 (0.08)	−0.03 (0.06)	−0.06 (0.09)	—	—
	父亲的受教育年限×文史哲	—	—	—	—	—	—
	父亲的受教育年限×经济学/管理学	−0.01** (0.01)	—	—	—	—	—
	父亲的受教育年限×教育学/法学	0 (0.01)	—	—	0.01 (0.01)	—	—
	父亲的受教育年限×农学/医学	—	—	—	0.01 (0.01)	—	—

续表

		2003 年	2005 年	2007 年	2009 年	2011 年	2013 年
固定效应	母亲的受教育年限 × 教育学/法学	—	0.01 (0.01)	—	—	—	—
	母亲的受教育年限 × 农学/医学	—	0 (0.01)	—	—	—	—
	中家庭收入 × 文史哲	—	—	-0.08 (0.07)	—	0.01 (0.04)	—
	中家庭收入 × 经济学/管理学	—	—	0.03 (0.04)	—	0 (0.03)	—
	中家庭收入 × 教育学/法学	—	-0.11** (0.06)	—	-0.17*** (0.07)	-0.01 (0.06)	-0.07 (0.06)
	中家庭收入 × 农学/医学	—	0.03 (0.11)	0.09 (0.08)	0.06 (0.06)	0.02 (0.05)	—
	高家庭收入 × 文史哲	—	—	-0.06 (0.13)	—	0.05 (0.07)	—
	高家庭收入 × 经济学/管理学	—	—	-0.04 (0.08)	—	0 (0.04)	—
	高家庭收入 × 教育学/法学	—	-0.17 (0.18)	—	-0.21** (0.09)	0.36*** (0.13)	-0.11 (0.09)
随机效应	第二水平方差	0.04 (0.21)	0.03 (0.17)	0.05 (0.22)	0.03 (0.18)	0.02 (0.14)	0.03 (0.18)
	第一水平方差	0.13 (0.36)	0.17 (0.42)	0.15 (0.40)	0.15 (0.38)	0.11 (0.34)	0.12 (0.35)
	离异数 (-2LL)	2694.47	4331.10	3848.70	3194.18	3058.39	2682.78

注：此表只呈现了交互项，完整版表格见附表 2。

数据来源：GSE2003 -2013。

一方面，家庭背景对初职起薪的影响在研究生群体中并没有发生弱化。数据表明，除了在 2007 年和 2009 年模型中，中家庭收入和研究生学历的交互项为负数外，在其他年份模型中，父亲的职业类型、父亲的受教育年限、母亲的受教育年限、家庭社会联系和家庭收入分别与研究生学历的交互项都不显著。这意味着，家庭背景对毕业生初职起薪的影响在本科生和研究生中具有一致性，并没有因为毕业生获得更高的教育文凭而显著变弱。我们甚至发现，在 2003 年和 2013 年模型中，家庭收入对初职起薪的影响在研究生群体中反而更强，Torche（2011）对美国的研究同样得出了类似的结论。

另一方面，专业领域能够调节家庭背景对初职起薪的影响，在人文社科领域，家庭背景的影响效应要强于理学或工学专业领域。数据表明，相比理学或工学专业，父亲的职业地位（2003 年）对毕业生初职起薪的影响在经济学或管理学专业更大；家庭的社会关系（2007 年）对初职起薪的影响在文史哲专业更大；高家庭收入（2011 年）对初职起薪的影响在教育学或法学专业更大，可是家庭收入对初职起薪的影响在教育学或法学专业并不稳定，在 2005 年和 2009 年模型中则显著更小。尽管如此，我们更愿意拒绝 Jackson 等（2008）的观点，支持 Hansen 和 Mastekaasa（2006）的观点，即阶层出身对社会经济地位获得的影响在人文科学类专业领域要强于技术类专业领域。

二 学历、专业对初职职业获得代际效应的调节作用

同样，我们在初职职业获得两水平模型中加入家庭背景与教育水平、家庭背景与专业领域的交互项，最终的固定效应估计结果如表 6.5 所示。由于在 2003 年和 2009 年模型中，我们选择的家庭背景变量对初职职业获得的影响并不显著，因此，我们忽略了这两年的模型。通过模型分析可以得出以下两点发现。

表 6.5　教育水平、专业领域对家庭背景之于初职职业获得影响的调节作用

		2005 年	2007 年	2011 年	2013 年
固定效应	父亲的职业是管理技术类 ×专科	-0.46 (0.32)	0.42 (0.27)	-0.35 (0.22)	0.16 (0.21)
	父亲的职业是管理技术类 ×研究生	-0.72 (0.49)	-0.97 ** (0.48)	-0.54 (0.53)	-0.38 (0.26)

		2005 年	2007 年	2011 年	2013 年
固定效应	父亲的受教育年限 × 专科	—	0 (0.03)	—	—
	父亲的受教育年限 × 研究生	—	0.03 (0.05)	—	—
	家庭社会联系广泛 × 专科	0.29 (0.23)	0.34 (0.21)	0.23 (0.19)	—
	家庭社会联系广泛 × 研究生	-1.48*** (0.45)	-0.65 (0.53)	0.18 (0.67)	—
	中家庭收入 × 专科	—	—	—	0.09 (0.21)
	中家庭收入 × 研究生	—	—	—	-0.15 (0.28)
	高家庭收入 × 专科	—	—	—	0.33 (0.29)
	高家庭收入 × 研究生	—	—	—	0.12 (0.39)
	父亲的职业是管理技术类 × 文史哲		-0.28 (0.39)	-1.18*** (0.32)	0.37 (0.28)
	父亲的职业是管理技术类 × 经济学/管理学	0.23 (0.25)		-0.08 (0.25)	0.3 (0.21)
	父亲的职业是管理技术类 × 教育学/法学	1.18** (0.57)	0.23 (0.64)		0.43 (0.38)
	父亲的职业是管理技术类 × 农学/医学		-0.08 (0.52)	0.44 (0.52)	0.44 (0.41)
	家庭社会联系广泛 × 文史哲	—	-0.02 (0.37)	0.5 (0.31)	—
	家庭社会联系广泛 × 经济学/管理学	0.13 (0.2)	—	-0.15 (0.2)	
	家庭社会联系广泛 × 教育学/法学	0.05 (0.36)	0.18 (0.47)		

续表

		2005 年	2007 年	2011 年	2013 年
固定效应	家庭社会联系广泛 × 农学/医学	—	0.42 (0.43)	0.56 (0.44)	—
	父亲的受教育年限 × 文史哲	—	0.07* (0.04)	—	—
	父亲的受教育年限 × 教育学/法学	—	0.01 (0.05)	—	—
	父亲的受教育年限 × 农学/医学	—	0.02 (0.04)	—	—
	中家庭收入 × 文史哲	—	—	—	0.58* (0.3)
	中家庭收入 × 经济学/管理学	—	—	—	0.12 (0.21)
	中家庭收入 × 教育学/法学	—	—	—	0.23 (0.39)
	中家庭收入 × 农学/医学	—	—	—	0.39 (0.39)
	高家庭收入 × 文史哲	—	—	—	0.94** (0.39)
	高家庭收入 × 经济学/管理学	—	—	—	0.05 (0.27)
	高家庭收入 × 教育学/法学	—	—	—	− 0.16 (0.55)
	高家庭收入 × 农学/医学	—	—	—	1.78* (0.98)

注：此表只呈现了交互项，完整版表格见附表3。

数据来源：GSE2005、GSE2007、GSE2011 和 GSE2013。

　　一方面，并没有足够证据支持家庭背景对初职职业获得的影响在研究生群体中弱化。数据表明，父亲的受教育年限、家庭收入与研究生学历的交互项都没有达到统计意义上的显著性；父亲的职业类型与研究生学历的交互项只在 2007 年模型中显著，在其余年份模型中均不显著；家庭社会联系与研究生学历的交互项只在 2003 年模型中显著，在其余年份模型中并不显著。总体来看，与本科毕业生相比，家庭背景对初职职业获得的影响在研究生毕业生中未发生明显弱化，并且同样没有证据支持家庭背景效应在专科毕业生中更强。

另一方面，专业领域能够调节家庭背景对初职职业获得的影响，家庭背景的影响在人文社科领域中相对更强。具体地说，相比理学或工学专业，父亲的职业地位对初职职业获得的影响在教育学或法学专业（2003 年）更大；父亲的受教育年限对初职职业获得的影响在文史哲专业（2007 年）更大；家庭收入对初职职业获得的影响同样在文史哲专业、农学或医学专业（2013 年）显著更大。

至此，实证分析结果表明，在高校毕业生的地位获得中，并不存在教育水平的调节作用，家庭背景对本科生和研究生毕业生的初职起薪、初职职业获得的影响不存在显著差异。这一发现拒绝了操作性研究假设 1，从而支持了我们前面的理论推断。结合前一章的结论，我们发现家庭背景对地位获得的影响并没有在较高教育文凭获得者，甚至是研究生文凭获得者中显著弱化，这一发现并没有支持现代化理论关于高等教育群体所面临的劳动力市场更加遵循绩效原则的观点（Hout，1988）。

第五节　不同阶层的流动策略选择

为什么研究生群体的初职社会经济地位获得依然没有完全摆脱家庭背景的影响？这让我们不禁质疑高等教育群体所面临的劳动力市场是否真的遵循绩效原则？为了回答这一问题，Torche（2011）结合教育分层和劳动力市场歧视的相关文献，提出了两个检验标准：一是水平分层（horizontal stratification）差异，即不同家庭出身的学生在不同等级或类型的高等教育机构中如何分布；二是职业分布差异和职业内工资差异，即在多大程度上家庭出身影响职业分布和职业内部的经济回报差异。借鉴这一思路，以 2007 年全国高校毕业生的抽样调查数据为例，本书对比了本科毕业生和研究生毕业生的教育水平分层差异、职业分布差异及职业内部的起薪差异，以此试图解释家庭背景效应在研究生群体中没有弱化的原因。需要说明的是之所以选择 2007 年调查，是因为该年度所调查毕业生在学历层次和专业领域结构上与全国情况更加吻合。具体地说，教育的水平分层差异主要是指不同家庭背景的学生在不同学校选拔性高校和专业领域中的分布；职业分布差异是指不同家庭背景的毕业生在职业类型上的分布；职业内的经济回报差异是指从事同样职业类型，不同家庭背景的毕业生所获得的起薪差异。在这里，家庭背景只包含家庭年收入和父亲的职业类型两个替代指标。其中，对父亲的职业类型做了更细的划分，包括管理和专业技术人员、办事人员、服务人员和工人、农民和农民工以及其他四类。

表 6.6 是不同家庭背景毕业生的教育水平差异。我们可以看出，第一，从学校选拔性来看，无论是研究生毕业生还是本科毕业生都存在明显的家庭背景差异。不同的是，在本科毕业生中，中高家庭收入、父亲职业为管理或专业技术人员出身的学生在重点大学的相对比例更高；而研究生毕业生恰恰相反，反而低家庭收入、农民或农民工出身的学生在重点大学的相对比例更高。之所以研究生毕业生的教育机会相对更加均等，原因可能是弱势阶层出身的本科毕业生为了摆脱不利家庭出身，往往更愿意付出加倍努力去追求研究生学历，而相比较而言，优势阶层出身的本科毕业生凭借其本科文凭和家庭背景已经足够在劳动力市场中谋取一份体面的工作，因而追求更高学历的动力和必要性可能变弱。

表 6.6　　　　不同家庭背景毕业生的学校选拔性和专业领域差异

			学校选拔性（%）			专业领域（%）				
			重点大学	一般高校	高职高专	文史哲	经济学/管理学	教育学/法学	理学/工学	农学/医学
家庭收入	本科毕业生	低家庭收入	22.7	71.5	5.9	15.6	23.7	9.9	34.4	16.3
		中家庭收入	29.1	60.4	10.5	22.0	30.6	12.0	23.3	12.1
		高家庭收入	26.6	60.0	13.4	22.8	32.0	14.9	16.8	13.6
	研究生毕业生	低家庭收入	80.5	17.6	1.9	18.2	22.7	13.1	33.9	12.0
		中家庭收入	79.5	17.8	2.7	28.1	23.2	18.3	19.0	11.4
		高家庭收入	62.2	29.7	8.1	13.0	29.0	17.4	23.2	17.4

续表

			学校选拔性（%）			专业领域（%）				
			重点大学	一般高校	高职高专	文史哲	经济学/管理学	教育学/法学	理学/工学	农学/医学
父亲的职业类型	本科毕业生	管理/专业技术人员	30.6	60.6	8.8	20.0	27.1	14.1	24.4	14.3
		办事人员、服务人员和工人	23.8	67.8	8.3	18.4	27.5	10.6	29.4	14.2
		农民/农民工	20.0	76.2	3.8	12.9	21.4	9.1	39.5	17.1
		其他	23.3	71.3	5.4	15.6	20.3	8.3	35.4	20.4
	研究生毕业生	管理/专业技术人员	77.9	19.1	3.1	24.5	22.2	16.0	23.0	14.4
		办事人员、服务人员和工人	73.6	22.3	4.1	19.8	27.7	16.9	24.2	11.4
		农民/农民工	81.4	17.5	1.1	16.6	21.2	12.7	36.0	13.4
		其他	89.0	11.0	—	18.8	17.4	9.2	44.9	9.7

数据来源：GSE2007。

第二，不同家庭背景在专业领域上存在不同的策略选择，在本科毕业生和研究生毕业生中都是如此。虽然理学或工学、经济学或管理学受到最多关注，但是低家庭收入、农民或农民工出身的学生在理学或工学专业的相对比例更高，而高家庭收入、父亲职业为管理或专业技术人员出身的学生在经济学或管理学专业的相对比例更高，并且本科毕业生和研究生毕业生具有一致性。同时，后者选择文史哲、教育学或法学等其他人文社科类专业的相对比例也要更高。

结合前面的专业领域对代际效应调节作用的分析结果，即家庭背景效应在人文社科领域相对要强于理学或工学领域，我们发现，不同家庭背景或不同社会阶层在教育扩张后存在不同的教育策略。具体地说，为了实现向上流动，弱化代际效应，不利家庭或弱势阶层更倾向于选择能够使其在将来求职过程中容易摆脱家庭背景束缚的理学或工学专业，而优势阶层则倾向于选择那些将来能够使其家庭背景发挥作用的人文社科类专业，尽管这一类专业并不一定能够带来丰富的经济回报。

这一结论支持了我们的操作性研究假设2。尽管弱势阶层更多选择能够使其在求职时更容易摆脱家庭背景束缚的理学或工学专业，优势阶层更多选择经济学或管理学专业，但是优势阶层之所以做出这一选择，并非经济学或管理学专业更富有经济回报，而是因为这些专业在求职时更容易发挥家庭背景的影响。其实，从布尔迪厄（2015）文化资本角度也可以解释这一问题。他对 20 世纪 60 年代法国的研究认为阶层出身与专业领域的排名之间并非线性关系，并不是所有来自优势阶层的学生在大学中都进入了富有经济回报的专业。实际上，那些来自社会经济地位较高家庭的、学校成绩相对较差的后进生，往往被吸引到更富文化气息但排名较低的专业领域，比如历史学、新闻学或者文学，而这些专业领域恰恰是他们的家庭文化资本能够发挥作用的地方。虽然这些优势阶层学生在这些专业中获得的经济收益相对较低，但是他们能够从其所选择的"替代性"生活方式中享受文化声望（cutural prestige）。

接下来，我们再来看职业分布差异和职业内的起薪差异。表 6.7 呈现了不同家庭背景毕业生的职业分布和职业内的起薪差异。结果表明，一方面，无论是本科毕业生还是研究生毕业生，职业分布都存在明显的家庭背景差异。具体地说，高家庭收入、父亲为管理或专业技术人员出身的毕业生从事行政或企业管理工作的相对比例更高；而低家庭收入、父亲为农民或农民工出身的毕业生从事专业技术工作的相对比例更高，并且这一发现对于本科毕业生和研究生毕业生同样适用。这意味着即使在研究生群体中，职业分布仍然并非完全独立于家庭背景，依旧存在职业地位再生产现象，但是，不可否认从事专业技术性工作是弱势阶层摆脱家庭背景束缚，实现向上流动的重要途径。

表 6.7　　不同家庭背景毕业生的职业分布与职业内起薪差异

			职业分布（%）					职业内起薪差异（单位：元）				
			行政或企业管理工作	专业技术工作	技术辅助工作	各类服务工作	其他	行政或企业管理工作	专业技术工作	技术辅助工作	各类服务工作	其他
家庭收入	本科毕业生	低家庭收入	22.4	43.1	19.5	9.8	5.1	1863	1698	1587	1648	1652
		中家庭收入	37.4	28.7	22.2	8.4	3.3	2467	1975	2036	2137	1854
		高家庭收入	47.3	28.4	17.6	5.4	1.4	3462	3533	3596	2957	2800
	研究生毕业生	低家庭收入	25.9	58.1	*11.2*	*1.7*	*3.1*	2957	3309	*3139*	*3078*	*2500*
		中家庭收入	37.3	48.4	*11.9*	*2.4*	—	2982	4209	*3321*	*3000*	—
		高家庭收入	39.4	30.3	*15.2*	—	*15.2*	4364	5611	*3960*	—	*3875*

续表

		职业分布（%）					职业内起薪差异（单位：元）				
		行政或企业管理工作	专业技术工作	技术辅助工作	各类服务工作	其他	行政或企业管理工作	专业技术工作	技术辅助工作	各类服务工作	其他
父亲的职业类型	本科毕业生										
	管理/专业技术人员	44.7	35.3	14.1	3.9	2.1	2569	1997	1983	1957	1600
	办事人员、服务人员和工人	25.9	39.0	20.9	10.5	3.8	1931	1816	1822	1775	1821
	农民/农民工	18.1	45.6	21.0	10.0	5.3	1789	1644	1536	1556	1745
	其他	17.4	40.3	18.2	12.3	11.8	2018	1779	1486	1662	1418
	研究生毕业生										
	管理/专业技术人员	43.4	41.9	*10.9*	*0.8*	*3.1*	3680	3848	*4136*	*6000*	*3333*
	办事人员、服务人员和工人	34.9	50.0	*10.9*	*1.9*	*2.3*	2636	3760	*2771*	*3250*	*2667*
	农民/农民工	22.8	61.4	*10.1*	*1.1*	*4.8*	2789	3102	*2956*	*3500*	*3214*
	其他	13.9	69.0	*12.7*	*2.5*	*1.9*	3468	3444	*3650*	*1925*	*1667*

注：斜体数字表示该数据获取的样本量较小，结果可能不稳定。

数据来源：GSE2007。

另一方面，在本科毕业生和研究生毕业生中，都存在明显的职业内起薪差异，换句话说，即使从事同一职业，家庭背景不同则起薪不同。在这里，我们主要对比两个吸纳高校毕业生数量最多的职业类型：行政或企业管理工作以及专业技术工作。数据表明，同样从事行政或企业管理工作，低家庭收入出身的本科毕业生和研究生毕业生的起薪分别只占高家庭收入出身毕业生的53.8%和67.8%；父亲为农民或农民工出身的本科毕业生和研究生毕业生的起薪分别只占父亲为管理或专业技术人员出身毕业生的69.6%和75.8%。同样从事专业技术工作，低家庭收入出身的本科毕业生和研究生毕业生的起薪分别只占高家庭收入出身毕业生的48.1%和59.0%；父亲为农民或农民工出身的本科毕业生和研究生毕业生的起薪分别只占父亲为管理或专业技术人员出身毕业生的82.3%和80.6%。可见，与本科毕业生一样，研究生群体同样面临着基于家庭背景的劳动力市场

"歧视"。

总体来看，与本科毕业生相比，之所以没有发现代际效应在研究生群体中明显弱化，原因在于研究生群体所面临的劳动力市场并没有更加遵循绩效原则。与本科毕业生相比，研究生毕业生同样存在教育的水平分层差异以及职业分布差异和职业内的起薪差异。尽管如此，我们不难看出，弱势阶层追求研究生学历、选择理学或工学专业，仍然不失为实现向上流动的有效途径。因为研究生学历、理学或工学能够带来更高的经济回报，同时选择理学或工学专业有助于毕业生在求职时更容易摆脱家庭背景的束缚，从而实现社会经济地位的改善。

第六节　小结

本章基于全国高校毕业生的抽样调查数据（GSE2003—2013），使用两水平模型方法分析了教育扩张后高等教育内部不同学历层次在跨越代际效应上的差异情况。主要结论有如下几个方面。

第一，在高校毕业生中，教育水平、专业领域和家庭背景都是影响毕业生初职起薪和职业获得的重要因素。教育水平越高，起薪越高，越容易从事管理技术类工作。尽管如此，家庭背景对初职社会经济地位的影响依然显著存在。良好的家庭背景，例如父亲从事管理技术类职业、教育水平高、家庭收入高或者家庭拥有广泛的社会关系等，都有助于增加毕业生获得高起薪和从事管理技术类职业的机会。

第二，没有足够证据支持家庭背景对研究生毕业生的初职社会经济地位的影响比本科毕业生显著变小。研究结果表明，教育水平对代际效应的调节作用不存在，家庭背景对本科毕业生和研究生毕业生初职起薪、初职职业获得的影响依然存在，并且不存在显著性差异。这一发现与 Torche（2011）对美国的研究结论并不一致，他发现与低教育水平群体相比，虽然代际职业关联在学士学位获得者中变弱，但是在研究生学位获得者中又重新变强。尽管教育水平对代际效应的调节作用不存在，但是专业领域能够调节家庭背景对毕业生初职社会经济地位的影响。研究结果显示，在人文社科类专业，家庭背景对初职社会经济地位的影响要强于理学或工学专业。

第三，代际效应之所以在研究生毕业生中没有弱化，原因在于研究生毕业生与本科毕业生一样，所面临的劳动力市场依旧是非完全竞争的。一方面，两者都存在教育水平分层差异，尤其是在专业领域上存在明显的家庭背景差异。另一方面，两者都存在职业分布差异和职业内起薪差异。研究生毕业生和本科毕业生一样存在明显的职业地位再生产现象，并且，即使在同一职业内，起薪也存在明显的家庭背景差异，家庭背景越好，起薪越高。

第四，教育扩张后，为了维持阶层优势或实现向上流动，不同阶层存在不同的教育策略选择。教育水平和专业领域既是优势阶层维持阶层优势的策略选择，同时又是弱势阶层实现向上流动的重要路径。弱势阶层出身的学生可以通过追求研究生学历、选择理学或工学专业来实现向上流动，因为研究生学历、理学或工学专业能够带来相对更高的经济回报，并且理学或工学专业可以帮助他们在求职时摆脱家庭背景的束缚，从而实现向上流动。相比较而言，优势阶层的教育策略更加多元，比如选择专业领域时更多选择经济学或管理学专业，当然他们选择文史哲、教育学或法学等其他人文社科类专业的比例也比弱势阶层要高。但是，之所以选择这些专业并非是因为它们富有更高的经济回报，而是更容易在求职时发挥家庭背景的优势。

第七章

研究结论与启示

第一节　研究的主要结论与讨论

本书主要围绕教育扩张是否促进了代际流动这一研究问题展开。我们以改革开放之后开始参加工作的群体为主要研究对象，基于中国综合社会调查2005年、2006年和2008年调查数据和全国高校毕业生抽样调查2003年、2005年、2007年、2009年、2011年和2013年六次年度调查数据，采用同期群视角，使用对数可积层面效应模型、路径分析、逻辑斯蒂回归、多元线性回归和两水平模型方法对此进行了实证分析。研究结论主要有以下几点。

第一，虽然教育扩张后社会下层的代际绝对流动机会有所增加，但是没有充足证据表明教育扩张显著增加了代际相对流动，社会阶层不平等依然持续。

与教育扩张前相比，在教育扩张后，社会上层的代际继承性在增加，但与此同时，社会下层的绝对流动机会在教育扩张后也在增加。这与李春玲（2008）的研究发现相吻合。代际绝对流动的增加可能与职业结构的变化有关。中国改革开放之后的经济改革和产业结构升级使得子代职业岗位的数量越来越多于父代的职业岗位数量，这其中包括一些像私营企业主或个体工商户等社会经济地位相对较高的新职业，以及伴随着数量庞大的农民工群体而增加的一些社会管理类职业岗位。另外，改革开放后实行的计划生育政策也使得主要劳动力市场上优势职业劳动者的子女数减少（郭丛斌，2006）。这些因素都可能为社会下层提供了更多向上流动的机会，导致绝对流动机会的增加。

尽管如此，本书并未发现教育扩张显著改善了代际相对流动。对数流动模型的估计结果表明，教育扩张前两个同期群与扩张后的一个同期群相比，代际关联系数不存在显著性差异，这意味着代际相对流动在改革开放后 30 年来基本没变化，社会阶层并没有变得更加开放，尽管也没有充足证据表明社会阶层存在明显的固化趋势。这一结论与郝雨霏等（2014）对中国、Breen 和 Luijkx（2004）对英国和爱尔兰、Azevedo 和 Bouillon（2010）对拉丁美洲以及 Mastekaasa（2011）对挪威的研究结论一致。绝对流动的增加并不意味着相对流动的改善。造成相对流动困难的主要原因可能是由于中国在改革开放之后的社会选择和筛选机制仍然存在不合理之处，使得增加的社会流动机会更多被优势阶层占据。优势阶层获取与维持优势，一种途径是通过投资子女教育来间接帮助其获取较高的社会经济地位，另一种途径是在不完善的劳动力市场中，直接凭借家庭背景优势在就业机会获取中谋取优势位置。教育扩张是否可以带来更多的代际流动，很大程度上取决于它能否在上述两种途径中减弱家庭背景的影响力，提高教育的作用。显然，人们寄予厚望的中国高等教育扩张在这一过程中表现得并不理想，似乎成了优势阶层的"帮手"。

第二，教育扩张的平等化效应不显著，教育扩张没有显著改善业已存在的教育机会不均等，这是教育扩张没有促进代际流动的原因之一。

无论是在教育扩张前还是在扩张后，毋庸置疑的一点是教育始终是决定人们社会经济地位高低的最重要因素，并且这种重要性随着时间变化在不断增加，这支持了现代化理论的观点，也符合人们对教育的美好期许。在过去的 20 世纪，家庭背景对教育获得的影响究竟是变弱、变强还是几乎没怎么改变，一直是一个颇具争议性的问题，而教育扩张能否促进代际流动取决于伴随教育扩张而来的究竟是教育机会均等、不均等还是没有任何改变（Breen，2010）。本书的研究结果表明，中国教育扩张虽然增加了弱势阶层或不利家庭接受高等教育的绝对机会，但是教育机会的阶层差异依然存在，教育扩张没有显著改善这种机会不均等，社会上层或优势家庭依然是教育扩张的最大受益者。也正因如此，家庭背景通过教育对初职社会经济地位的间接影响不会减弱，代际效应持续存在，从而无法带来更多的代际流动。

这一研究结论同丁小浩（2006）、胡荣和张义祯（2006）以及 Yeung（2013）对中国的研究一样支持了最大化维持不平等理论（Raftery 和 Hout，1993）。实际上，这与一些工业化国家正在发生的情况相吻合。根据经济合作与发展组织（OECD）发布的《教育概览报告（2014）》［*Ed-*

ucation at a Glance（2014）]，教育流动性在工业化国家已经开始下降。具体地说，父母的教育背景对子女教育水平的影响依然很强，比如在55—64岁、35—44岁和25—34岁群体中，教育水平低于其父母的比例依次是9%、12%和16%；在父母至少有一方接受高等教育的群体中，其子代获得高等教育文凭的比例高达65%，而相比之下，较低教育水平父母的女子的这一比例仅有23%。这表明教育扩张并没有带来一个更具包容性的社会，至少在教育机会获得上是如此。

中国高等教育扩张虽然增加了人们的受教育机会但却未能实现教育机会的均等化，一种可能的解释是中国高等教育在扩张之前处于精英主义阶段，高等教育机会稀缺，社会上层在高等教育机会上远没有达到饱和，教育扩张所增加的高等教育机会将主要被他们获得。另一种可能的解释是（杨奇明和林坚，2014），伴随着教育扩张所实行的高等教育收费与大学生"自主择业"政策抬高了高等教育成本且降低了预期收益，同时外部宏观环境变化（如刘易斯拐点的到来）增加了接受教育的机会成本，使得不利家庭背景出身的孩子在较早阶段主动放弃更多教育机会［这也符合教育不平等的理性行为理论（Breen和Goldthorp，1997）的观点］，从而教育扩张带来的较高层次新增教育机会未能在不同家庭背景出身的孩子之间实现均等分配。另外，高等教育机会的不均等可能是基础教育和中等教育阶段不平等的延续，是一种劣势的持续累积。

第三，教育扩张的结构化效应不显著，高等教育文凭获得者所面临的劳动力市场依旧不是完全遵循绩效原则，没有充足证据表明家庭背景对初职社会经济地位的影响在较高教育水平群体中发生明显弱化，这也导致了教育扩张无法带来代际流动的整体改善。

按照教育扩张的结构化效应的逻辑，因为没有充足证据支持相比高中文凭获得者，家庭背景对初职社会经济地位的影响在高等教育文凭获得者中发生显著弱化，这意味着即便教育扩张增加了总人口中拥有高等教育文凭人口的绝对规模和相对比例，也仍然无法带来社会整体代际流动的改善。对高等教育内部不同学历层次毕业生初职社会经济地位获得的分析发现，与本科毕业生相比，研究生毕业生的初职社会经济地位所受家庭背景的影响同样没有显著变弱，仍然可能面临基于家庭出身的劳动力市场"歧视"。这一结论没有支持现代化理论关于家庭背景效应将首先在较高教育水平群体中弱化的观点（Hout，1988），而与Ballarino等（2013）对意大利和西班牙、Tolsma 和 Wolbers（2014）对荷兰的研究结论相一致，即没有足够证据表明家庭背景效应将首先在高等教育群体中弱化或消失。

虽然本书囿于数据没能分析高等教育文凭获得者与高中文凭获得者两者之间所面临的劳动力市场差异，但是对研究生毕业生与本科毕业生的分析发现，他们所面临的劳动力市场都不是完全遵循绩效原则或者完全竞争的。这告诉我们，要想更好地发挥教育扩张促进代际流动的功能，单纯把目光聚焦在教育系统内的机会分配显然是不够的，不完善的劳动力市场（比如任人唯亲或工资歧视等）同样是阻碍代际流动的重要障碍。如果忽略此方面的努力，我们有理由相信，即使教育扩张导致人力资本或教育文凭的均等化，优势阶层也会努力尝试其他方法维持自身优势，比如更加注重社会关系或社会网络以及文化资本的积累，以确保其子女能够在劳动力市场竞争中继续脱颖而出（Sturgis 和 Buscha，2015）。

第四，高等教育具有社会地位循环和地位再生产的双重功能，但是教育扩张降低了高等教育的相对回报，使得这种地位循环功能有所减弱。

高等教育具有社会地位循环和地位再生产的双重功能，我们的研究结论支持了这一论断。一方面，接受高等教育有助于增加社会成员获得高社会经济地位工作、高起薪，进而占据优越社会位置的概率。另一方面，如前所述，接受高等教育的机会往往更容易被优势阶层所占据，他们把这种教育优势转为地位获得优势，从而实现社会地位再生产。这提醒我们，高等教育是帮助社会成员进行代际流动的重要机制而非唯一机制（吴坚，2012），尤其是在教育扩张背景下，家庭资源同样重要。

教育扩张虽然没有减弱整体教育的回报水平，但是降低了高等教育的相对回报，弱化了其地位循环功能。研究结果显示，与教育扩张前相比，高等教育文凭与高中文凭之间的"溢价"在降低，换句话说，高等教育文凭发生了"贬值"。高等教育回报的降低印证了地位竞争理论的观点，教育扩张在急剧增加高等教育文凭获得者数量的同时，也会弱化高等教育的信号功能，降低高等教育的区分度，从而降低其社会经济地位回报。造成这一现象的原因可能与中国高等教育扩张所具有的时间压缩性特点有关（鲍威，2014）。作为发达国家典型代表的美国和英国的高等教育毛入学率从 10% 左右到 27% 分别经历了 30 年和 20 年的漫长历程，而我国高等教育毛入学率从 10% 增加至 24% 只花费了短短 10 年时间。短时间急剧扩张使得劳动力市场上高水平劳动力的供需之间失衡，从而降低了高等教育的相对回报水平。

第五，在教育扩张后，为了维持地位优势或实现向上流动，不同社会阶层存在不同的流动策略选择。

教育水平和专业领域是维持阶层优势和实现代际流动的重要工具。研究结果显示，不利家庭或弱势阶层出身的学生可以通过追求研究生学历、选择理学或工学专业来实现向上流动，因为研究生学历、理学或工学专业能够带来相对更高的社会经济地位回报，并且理学或工学专业可以帮助他们在求职时摆脱家庭背景的束缚，从而实现向上流动。相比较而言，优势阶层的教育策略更加多元，比如在专业选择时，更多选择经济学或管理学专业等人文社科类专业，之所以选择这些专业并非是因为它们富有社会经济地位回报，而是更容易在求职时发挥家庭背景优势。

对于代际流动问题的研究不能忽视被访者所处的社会大环境。本书主要以改革开放之后开始参加工作的群体为研究对象，并且假定在这一时期内的社会政治经济系统基本稳定，因此，研究这一群体的代际流动时需要对他（她）们所处时代背景下可能影响社会流动大小与模式的重大变革或事件予以讨论。同样，面对教育扩张没有增加代际流动这一结论，我们也有必要回到中国政府提出高等教育扩张政策的背景和最初意图。

其一，关于代际流动的社会时代背景的讨论。改革开放之后近 30 年来，可能会影响代际流动的比较重大的变化有社会主义市场经济体制的确立、国有企业改革导致的"下岗"浪潮和农民工群体的形成。其中，后两项的影响可忽略，因为国有企业改革冲击的基本都是老员工，而我们研究对象主要是这一时期刚开始参加工作的群体；农民工群体的教育水平普遍较低，高等教育扩张对其影响相对较小。一个比较大的疑问是，为什么市场经济的引入没有带来更多的代际流动？其实，正如高勇（2008）所言，市场经济的引入与代际流动的变化趋势并无直接线性关联，市场经济的引入可能会使得代际流动更为开放，也可能会使其更为僵化、更为困难，这取决于这一引入过程中的诸多因素，比如居民内部收入差距程度、人力资本投资效率、教育机会扩张程度、人力资本投资回报率以及劳动力市场中的种种制度安排。正如本书中教育扩张的结构化效应所发现的那样，即使人力资本（主要是指教育）在市场经济背景下的社会经济地位回报不断提高，如果劳动力市场并非遵循绩效原则，存在就业机会不均等或是基于家庭背景的劳动力市场歧视，那么市场经济背景下的代际流动也不会改善。另外，本书选取"60 年代"出生群体作为教育扩张前的代表群体可能会引起质疑，因为他们接受基础教育时正处于"文化大革命"时期，其教育水平会不同程度受到影响和冲击，并且这一事件可能会形塑这一出生群体的地位获得。正是基于此，本书中的"70 年代"出生群体的代际流动情况可以作为教育扩张前的一种更好参照。

其二，关于中国教育扩张背景和初衷的讨论。功能主义理论、新马克思主义理论和贮藏理论等都从不同角度阐释了教育扩张出现的原因（沃尔特斯，2000；鲍威，2014），但是似乎很难仅凭某一理论来完全理解中国的高等教育扩张，它可能拥有更复杂的现实处境和政治考量。鲍威（2014）认为中国高等教育扩张的动机机制并非来自高等教育体制内部自身的诉求，而是政府在外部社会经济环境变化的压力之下做出的被动型选择。教育扩张主要是受到了外部宏观经济环境变化的显著影响，体现了当时转移经济危机、刺激经济增长的重要政策意图，同时也是出于缓解当时我国劳动力市场的就业压力，保障就业市场供求稳定的需要。因此，并非以促进代际流动为目的的教育扩张最终没有达成这一目标似乎变得情有可原。

实际上，试图以教育扩张来促进代际流动本身可能就是一个危险的政策（Breen，2010；Pfeffer 和 Hertel，2015）。法国社会学家鲍顿（1992）认为"人们没有理由希望工业社会中教育的大幅度发展与社会流动的增加相联系"。美国社会学家沃尔特斯（2000）同样认为教育扩张不可能带来更大的社会流动性。教育体系的不断扩张使统治者和社会上层能够通过教育满足公平、合理、增强社会流动性等社会要求，给更多处于劣势的群体以受教育的机会，同时又不损害社会上层在这种教育体系中的既得利益。教育扩张实际上成了在国家政策试图缩小教育机会不平等的情况下，社会上层维护自身在教育上享有优越地位的一个"安全阀"。

尽管如此，教育扩张可能依然是稳定政治生态下改善弱势阶层困境最有效的变革方式。正如 Arum 等（2007）所言，虽然教育的相对阶层不均等随着时间的变化将持续存在并且很难改变，而且许多研究也告诉我们，在绝大多数情况下，优势阶层都会努力设法维持他们的优势。但也正是因为相对不均等的这种稳定性，在正常政治生态（非革命性变革）下，最有可能达成的政策就是改变教育"蛋糕"的绝对大小，即教育扩张。因此，我们应该持一个稍微乐观的观点，即使相对优势仍得以维持，不断扩大的教育"蛋糕"也会变得越来越包容，因为它把教育这一富有价值的"产品"传递给了更广泛的人群。这提醒我们不能因噎废食，完全排斥教育扩张，更需要做的是，在关注教育体系规模扩大的同时，强调教育机会的合理分配，以便让教育扩张的优势充分发挥出来。

第二节 政策启示

代际流动困难，甚至社会阶层固化对任何阶层来说都不是"福音"，容易导致不同社会阶层的撕裂甚至对立。因此，一个正常社会应该建立一个有利于阶层流动的社会机制，使得弱势阶层有足够的上升空间和公平的流动机会。教育是弱势阶层实现向上流动的重要途径。借助教育扩张浪潮，弱化代际效应，增强教育促进代际流动的功能，无疑是人们期望之所在。实际上，正如本书所分析的那样，实现教育扩张促进代际流动的关键是解决两个机会不均等问题：教育机会不均等和社会经济地位机会不均等。前者主要是指降低家庭背景对教育机会获得的影响，实现教育机会公平；后者主要强调减弱甚至消除劳动力市场中家庭背景对社会经济地位获得的直接影响，提高教育等自致性因素的作用。我们的政策建议也主要从这两个方面着手。

一方面，努力促进教育公平，降低因家庭背景而导致的教育机会不平等。

教育公平是社会公平的重要基础，教育公平的关键是机会公平。教育扩张能否促进代际流动取决于它能否带来教育机会均等（Breen，2010），当教育扩张的受益者主要是来自优势家庭出身的子女时，教育扩张对代际流动的促进作用会被教育扩张影响教育均等化的这种不合理方式所抵消（Breen 和 Jonsson，2007）。瑞典是教育扩张促进教育机会均等的典型案例。在瑞典，促进教育均等化的措施包括免除中等教育和高等教育的学费，以及在中小学提供免费教科书和教学救助等。这些政策大大降低了教育机会对家庭背景中经济资源的依赖性，客观上起到了促进教育机会均等的作用。

在中国，教育政策的努力方向首先应该是避免教育经费和资助的"反向补贴"，增加对社会底层群体，尤其是其中富有能力天赋个体的教育和财政支持。斯坦福大学教授卡诺依（2013）认为，中国现行的高等教育财政资助分配模式与学费结构降低了低社会阶层学生经济流动的可能性，加剧了收入不平等。因为高等教育的绝大部分成本由国家分担，精英大学尤其是顶尖院校的学费相对较低而生均成本很高。相对于大众高等教育，政府加大对精英高等教育的投入力度，这使得高等教育财政补贴在不同社会阶层学生之间的分布上存在差异，高收入家庭学生就读精英大学的概率更高，从而成为公共资助的主要受益者。

在事实上存在巨大不平等的现实情况下，仅仅给予弱势群体"一视同仁"的对待是远远不够的，必须采取向弱势群体倾斜的"补偿性原则"（杨东平，2006），并且倾斜对象可以做适当调整。致力于改善社会流动的政策经常将目标定位于那些最弱势的群体，尤其是低能力群体。但实际上相比帮助社会底层偏上群体向上流动而言，实现社会最底层群体向上流动往往更困难和成本更高（Crawford 等，2011）。但是，这并不意味着放弃社会底层群体，很明显这种观念和行为有悖社会公正，而是建议政策制定者在考虑关注社会底层弱势群体的同时，给予那些出身低微，但是富有能力天赋的个体给予更多的教育支持（Jerrim，2012），因为他们往往是最容易实现向上流动的群体。值得欣慰的是，中国政府近年来开始进一步重视农村贫寒学生上重点大学的机会问题，各高校也相继推出招录农村优秀学生的专项优惠政策，特别是李克强总理在 2014 年全国"两会"上提出当年"贫困地区农村学生上重点高校人数再增长 10% 以上"的目标后，同年北京大学、清华大学等著名高校的农村籍学生比例都创近年来的历史最高（余秀兰，2014）。

另一方面，不断完善劳动力市场，强化绩效原则，建立良好的社会选择机制。

很多学者（Iannelli，2011；卡诺依，2013）早已意识到单纯依靠教育政策改变代际流动是不可能的，代际流动背后也有劳动力市场和社会结构等因素在驱动。卡诺依（2013）认为中国与世界其他发展中国家一样，无法仅凭教育尤其是高等教育机会的扩张来减少其社会不平等性，必须借助政府财政政策等手段来实现这一目标，并且降低社会不平等可能也并非教育的本质目的。本书的研究结论表明教育扩张的结构化效应并不显著，甚至研究生群体所面临的劳动力市场依然是非绩效主义的。这意味着，即使教育扩张增加了高等教育群体的绝对规模和占总人口的比例，但是不完善、非竞争性的劳动力市场依然会使得代际效应普遍存在、代际流动变得困难。

因此，政府应该继续推进市场经济体制建设，不断完善劳动力市场，逐步弱化社会经济地位的代际传递，使得教育等人力资本真正获得其相应的社会经济地位回报。一些可能的措施包括：继续推进国有企业和事业单位改革，消除不合理的部门分割和行政限制；实行市场导向的就业机制，强化"能力本位"的人才任用原则；进一步打破城乡分割，促进劳动力的流动与合理配置；完善收入再分配机制，不断降低收入差距，同时健全社会保障体系，防止贫富分化不断加剧。一般而言，收入不平等越高的国家，代际流动往往越低，在不解决不平等问题的情况下企图增加代际流动可能非常困难。当然，某些解决不平等的政策措施在增加流动的同时也可能会降低经济增长（Crawford 等，2011），因此这需要政策制定者在不同时期做出恰当的取舍和权衡。

第三节　研究的创新与局限

一　研究的创新之处

本书的创新之处可以概括为三个方面。首先，弥补了教育扩张与代际流动关系研究中缺乏中国实证经验、无法与西方经验研究互动的不足，丰富了代际流动的研究内容。实际上，国外关于教育扩张这一可能是 20 世纪最大的教育改革对代际流动影响的研究也是近几年开始出现的，并且如文献综述所提到的那样，如何从理论角度完全理解这一问题仍然存在困难。而截至行文时国内仅有一篇实证研究关注这一问题，且并未对教育扩张影响代际流动的过程予以探讨。本书从同期群角度出发研究了世界上最大规模的高等教育扩张对代际流动的影响，既是对教育扩张与代际流动关系研究中发展中国家经验的弥补，又为后续比较研究不同国家政策和政治形态对代际流动的影响提供了可能。

其次，引入经济学的相关理论，弥补了单纯依靠社会学理论解释教育扩张对代际流动影响的局限性。信号筛选理论、人力资本理论中的技能偏向型技术进步理论等从不同角度阐释了在教育扩张过程中，教育与家庭背景对地位获得的影响及其作用变化，进一步丰富了对教育扩张影响代际流动的过程与机制的理解。

最后，在研究方法上，本书借鉴准实验设计的思路，结合路径分析和两水平模型方法，使得对教育扩张影响代际流动过程的揭示更加细致、准确。路径分析能够区分家庭背景对地位获得的直接影响和间接影响，使得揭示并评价教育扩张影响代际流动的具体路径成为可能；两水平模型克服传统回归不能兼顾学校间差异和学生间差异的不足，使得对初职社会经济地位影响因素的评价更加准确。

二　研究的不足之处

本书的局限性或未来研究拟努力的方向主要体现在以下几个方面。首先，变量选取和测量方法的挑战。研究者所使用的阶层、职业地位、个体收入和家庭收入等指标分别代表了人们社会经济地位的不同维度，这可能意味着代际流动的一些研究结论，比如家庭背景效应随时间变化而下降等，可能与不同的变量测量方式和模型设定有关（Beller 和 Hout，2006；Bernardi，2012）。另外，初职起薪的代表性问题也值得讨论。蔡昉（2013）从劳动经济学的角度指出，求职者受教育程度越高，特别是接受过本科以上教育之后，实现与劳动力市场匹配所需要的时间越长，也就是说，大学毕业生要找到理想工作需要花费较多的寻找和转换时间。因此，单纯使用毕业时的起薪水平并不能得出关于这个群体人力资本优势的正确结论，可能导致对教育在地位获得中作用的偏差估计。

其次，对教育异质性的考虑仍然不够全面，同时教育扩张对代际流动的影响是否存在阶段性差异也有待进一步的实证检验。一方面，在教育异质性上，职业教育和普通教育对代际流动的影响可能存在差异。按照教育不平等的理性行为理论，弱势阶层出身的子女接受中等教育时，更多会选择职业教育，而非普通教育。因为职业教育作为一个"安全网"，使他们在学业失败不能实现向上流动时也能凭借一技之长避免坠入社会最底层，而优势阶层出身的子女则更愿意选择普通教育，以便于将来有更大机会进入高等教育以确保阶层优势维持。从劳动力市场的选择与配置机制来看，根据 Thurow（1975）的理论，工作中所需技能很大程度是从做中学的，而非在学校；雇主更青睐那些学习抽象知识（abstract knowledge）而非职业知识（vocational knowledge）的求职者，因为他们认为前者更容易培训，更具灵活性和适应性。

另一方面，教育扩张对代际流动的影响可能存在阶段性差异。关于教育扩张对教育机会均等的影响，有的研究发现在教育扩张初期，机会不均等有所加重，但是随后会有改善。这种差异是否因为不同教育扩张阶段所致有待探讨（付碧珍，2000）。同样，教育扩张对代际流动的影响也可能存在阶段性差异，比如从教育扩张初期、中期到后期经历一个下降、上升和再下降的过程。在教育扩张初期，教育机会不均等加剧，无法改善代际流动，但是随着教育扩张进一步推进，机会不均等改善，家庭背景对教育获得的影响下降，代际流动增加，最后到教育扩张后期，进入教育普及化阶段，教育的区分度降低，代际流动再一次发生下降。这一过程仍有待实证数据的检验。

最后，宏观因素对代际流动的影响仍有待进一步研究。比如，在代际流动研究中，一个尚未引起足够关注的问题是一个社会的不平等状况如何影响其代际流动的程度和模式。这一问题在当下中国社会贫富差距日渐凸显的背景下显得更具现实意义。对这一问题更好的研究方式可能是置于国际比较视野下，但是囿于数据，我们无法回答这些问题。而且由于行文限制，我们也没有对代际流动中的性别差异和城乡差异做深入分析，有待后续研究跟进。

另外，需要强调的是，本书对教育扩张影响代际流动的过程或机制的分析只能算是一种间接推断，而非严格的因果效应分析。鉴于问题本身的重要性，我们认为将来仍然有必要继续在理论上拓展新思路、实证上挖掘新资料，以便更好地推进这一经验研究。

附录1

附　　表

附表1　　　OE、ED 和 OD 路径系数变化对 OE × ED + OD 的影响

OE 关联	ED 关联	OD 关联	OE × ED + OD
变弱	变弱	变弱	弱
变弱	变弱	不变	弱
变弱	变弱	变强	不确定
变弱	不变	变弱	弱
变弱	不变	不变	弱
变弱	不变	变强	不确定
变弱	变强	变弱	不确定
变弱	变强	不变	不确定
变弱	变强	变强	不确定
不变	变弱	变弱	弱
不变	变弱	不变	弱
不变	变弱	变强	不确定
不变	不变	变弱	弱
不变	不变	不变	不变
不变	不变	变强	强
不变	变强	变弱	不确定
不变	变强	不变	强
不变	变强	变强	强
变强	变弱	变弱	不确定
变强	变弱	不变	不确定
变强	变弱	变强	不确定
变强	不变	变弱	不确定
变强	不变	不变	强
变强	不变	变强	强
变强	变强	变弱	不确定
变强	变强	不变	强
变强	变强	变强	强

附表2　教育水平、专业领域对家庭背景之于初职起薪影响的调节作用

		2003 年	2005 年	2007 年	2009 年	2011 年	2013 年
	截距	6.99*** (0.13)	6.92*** (0.08)	7.19*** (0.1)	7.05*** (0.1)	7.71*** (0.08)	7.73*** (0.09)
	重点大学	0.22** (0.09)	0.27*** (0.07)	0.44*** (0.14)	0.26*** (0.09)	0.26*** (0.08)	0.27*** (0.09)
	高职高专	0.16 (0.11)	-0.08 (0.1)	-0.09 (0.1)	-0.01 (0.1)	-0.14* (0.07)	-0.07 (0.09)
	学校所在地为东部地区	0.12 (0.12)	0.13 (0.08)	-0.03 (0.1)	0.12 (0.09)	-0.01 (0.07)	0.09 (0.08)
	学校所在地为西部地区	-0.16 (0.13)	-0.03 (0.08)	-0.19 (0.18)	-0.06 (0.14)	-0.11 (0.07)	-0.04 (0.09)
	专科	-0.15* (0.08)	-0.16*** (0.06)	-0.14*** (0.04)	-0.08 (0.07)	-0.15*** (0.03)	-0.12*** (0.04)
	研究生	0.47*** (0.1)	0.27*** (0.07)	0.26*** (0.03)	0.49*** (0.07)	0.3*** (0.03)	0.3*** (0.04)
	文史哲	-0.01 (0.02)	0.02 (0.02)	-0.12*** (0.03)	0.01 (0.03)	-0.11*** (0.03)	-0.04 (0.03)
	经济学/管理学	0.05 (0.06)	-0.03 (0.02)	-0.07*** (0.02)	0.01 (0.02)	-0.08*** (0.02)	-0.02 (0.02)
	教育学/法学	-0.19** (0.1)	-0.13*** (0.05)	-0.04 (0.03)	0.04 (0.11)	-0.12*** (0.03)	-0.05 (0.05)
	农学/医学	-0.03 (0.04)	-0.1 (0.07)	-0.2*** (0.04)	-0.26** (0.13)	-0.2*** (0.03)	-0.02 (0.04)
	父亲的职业是管理技术类	0.04* (0.02)	0.03 (0.02)	-0.03 (0.02)	0.03 (0.02)	0.03 (0.02)	0.03 (0.02)
	父亲的受教育年限	0.01*** (0)	0 (0)	0 (0)	0.01* (0)	0 (0)	0 (0)
	母亲的受教育年限	0 (0)	0 (0)	0 (0)	0 (0)	0 (0)	0 (0)
固定效应	中等家庭收入	—	0.1*** (0.02)	0.17*** (0.04)	0.08*** (0.02)	0.02 (0.02)	0.04** (0.02)
	高家庭收入	—	0.24*** (0.06)	0.45*** (0.08)	0.17*** (0.04)	0.09** (0.04)	0.08*** (0.03)
	家庭的社会联系广泛	—	0.06*** (0.02)	0.04 (0.03)	0.03 (0.03)	0.01 (0.02)	0.03 (0.02)
	农村	-0.01 (0.02)	-0.04** (0.02)	0 (0.01)	0.01 (0.02)	-0.01 (0.01)	0 (0.02)

续表

	2003 年	2005 年	2007 年	2009 年	2011 年	2013 年
女性	-0.06*** (0.02)	-0.05*** (0.02)	-0.07*** (0.01)	-0.08*** (0.02)	-0.07*** (0.01)	-0.08*** (0.01)
汉族	-0.03 (0.03)	-0.04 (0.02)	-0.02 (0.03)	0.01 (0.03)	-0.03 (0.03)	-0.01 (0.03)
学业成绩班内排名前 25%	0.01 (0.02)	0.03 (0.02)	0.03 (0.02)	0.01 (0.02)	0.04** (0.02)	0.09*** (0.02)
学业成绩班内排名 25%—50%	-0.02 (0.02)	0.02 (0.02)	0.02 (0.02)	0.01 (0.02)	0 (0.02)	0 (0.02)
中共党员	0.03 (0.02)	0.02 (0.02)	0 (0.02)	0.02 (0.02)	0.01 (0.01)	-0.02 (0.01)
担任过学生干部	0.04*** (0.01)	0 (0.02)	0.04*** (0.01)	0.05*** (0.02)	0.06*** (0.01)	0.03* (0.01)
有英语水平证书	0.12*** (0.02)	0.06*** (0.02)	0.05*** (0.02)	0.03 (0.02)	0.01 (0.01)	0.03* (0.02)
辅修生或双学位	0.01 (0.02)	0.01 (0.02)	0.01 (0.02)	0.02 (0.02)	0 (0.02)	0.01 (0.02)
获得过奖助学金	0 (0.02)	0.03** (0.02)	0 (0.02)	0.02 (0.02)	0 (0.01)	0 (0.01)
就业地为大中城市	0.07*** (0.02)	0.12*** (0.02)	0.04** (0.02)	0.08*** (0.02)	0.06*** (0.01)	0.06*** (0.02)
学用匹配	0.01 (0.02)	0.05*** (0.02)	0.06*** (0.01)	0.04** (0.02)	0.01 (0.01)	0 (0.01)
初职为管理技术类	0.02 (0.02)	0.05*** (0.02)	0.06*** (0.02)	0.04** (0.02)	0.03*** (0.01)	0.02 (0.01)
初职在全国有部门	-0.11*** (0.02)	-0.15*** (0.02)	-0.06*** (0.02)	0.03* (0.02)	-0.02* (0.01)	-0.03* (0.01)
父亲的职业是管理技术类 × 专科	-0.09* (0.05)	—	—	—	—	0.01 (0.03)
父亲的职业是管理技术类 × 研究生	-0.01 (0.09)	—	—	—	—	-0.02 (0.04)
父亲的受教育年限 × 专科	0 (0.01)	—	—	-0.01 (0.01)	—	—
父亲的受教育年限 × 研究生	-0.01 (0.01)	—	—	0 (0.01)	—	—

固定效应

续表

	2003 年	2005 年	2007 年	2009 年	2011 年	2013 年
母亲的受教育年限 × 专科	—	0 (0.01)	—	—	—	—
母亲的受教育年限 × 研究生	—	0.01 (0.01)	—	—	—	—
家庭的社会联系广泛 × 专科	—	0.06 (0.05)	0 (0.04)	0.03 (0.04)	—	—
家庭的社会联系广泛 × 研究生	—	-0.02 (0.07)	0.12 (0.08)	0.04 (0.06)	—	—
中等家庭收入 × 专科	—	0.01 (0.05)	-0.06 (0.04)	-0.04 (0.04)	0.01 (0.03)	0 (0.03)
中等家庭收入 × 研究生	—	-0.19*** (0.08)	-0.04 (0.07)	-0.1** (0.04)	-0.04 (0.05)	-0.01 (0.04)
高家庭收入 × 专科	—	-0.15 (0.12)	-0.14* (0.08)	-0.06 (0.06)	0.06 (0.04)	-0.04 (0.05)
高家庭收入 × 研究生	—	0.12 (0.22)	-0.01 (0.13)	-0.08 (0.07)	-0.01 (0.07)	0.11* (0.06)
固定效应　父亲的职业是管理技术类 × 经济学/管理学	0.14*** (0.04)	—	—	—	—	—
父亲的职业是管理技术类 × 教育学/法学	0.01 (0.08)	—	—	—	—	—
家庭的社会联系广泛 × 文史哲	—	—	0.19*** (0.06)	—	—	0.03 (0.06)
家庭的社会联系广泛 × 经济学/管理学	—	—	-0.01 (0.04)	—	—	—
家庭的社会联系广泛 × 农学/法学	—	0.03 (0.05)	—	0.02 (0.07)	—	—
家庭的社会联系广泛 × 医学	—	0 (0.08)	-0.03 (0.06)	-0.06 (0.09)	—	—
父亲的受教育年限 × 文史哲	—	—	—	—	—	—
父亲的受教育年限 × 经济学/管理学	-0.01** (0.01)	—	—	—	—	—

续表

		2003 年	2005 年	2007 年	2009 年	2011 年	2013 年
固定效应	父亲的受教育年限 × 教育学/法学	0 (0.01)	—	—	0.01 (0.01)	—	—
	父亲的受教育年限 × 农学/医学	—	—	—	0.01 (0.01)	—	—
	母亲的受教育年限 × 教育学/法学	—	0.01 (0.01)	—	—	—	—
	母亲的受教育年限 × 农学/医学	—	0 (0.01)	—	—	—	—
	中等家庭收入 × 文史哲	—	—	-0.08 (0.07)	—	0.01 (0.04)	—
	中等家庭收入 × 经济学/管理学	—	—	0.03 (0.04)	—	0 (0.03)	—
	中等家庭收入 × 教育学/法学	—	-0.11** (0.06)	—	-0.17*** (0.07)	-0.01 (0.06)	-0.07 (0.06)
	中等家庭收入 × 农学/医学	—	0.03 (0.11)	0.09 (0.08)	0.06 (0.06)	0.02 (0.05)	—
	高家庭收入 × 文史哲	—	—	-0.06 (0.13)	—	0.05 (0.07)	—
	高家庭收入 × 经济学/管理学	—	—	-0.04 (0.08)	—	0 (0.04)	—
	高家庭收入 × 教育学/法学	—	-0.17 (0.18)	—	-0.21** (0.09)	0.36*** (0.13)	-0.11 (0.09)
随机效应	第二水平方差	0.04 (0.21)	0.03 (0.17)	0.05 (0.22)	0.03 (0.18)	0.02 (0.14)	0.03 (0.18)
	第一水平方差	0.13 (0.36)	0.17 (0.42)	0.15 (0.40)	0.15 (0.38)	0.11 (0.34)	0.12 (0.35)
	离异数 (-2LL)	2694.47	4331.10	3848.70	3194.18	3058.39	2682.78

注：1. 括号内为标准误。2. *、** 和 *** 分别代表 0.1、0.05 和 0.1 的显著性水平。

数据来源：GSE2003 - 2013。

附表 3 教育水平、专业领域对家庭背景之于初职职业获得影响的调节作用

		2005 年	2007 年	2011 年	2013 年
	截距	0.97*** (0.31)	-0.27 (0.42)	0.78*** (0.28)	1.57*** (0.35)
	重点大学	-0.04 (0.2)	0.04 (0.5)	0.11 (0.17)	-0.18 (0.26)
	高职高专	-0.15 (0.31)	-0.05 (0.37)	-0.23 (-0.17)	-0.25 (0.29)
	学校所在地为东部地区	-0.05 (0.23)	0.51 (0.35)	0 (-0.15)	-0.34 (0.24)
	学校所在地为西部地区	0.58** (0.25)	0.29 (0.62)	-0.02 (-0.15)	-0.09 (0.26)
	专科	-0.93*** (0.18)	-0.97*** (0.36)	-0.39*** (-0.14)	-0.65*** (0.23)
	研究生	1.41*** (0.34)	0.91* (0.55)	0.65*** (0.18)	0.69*** (0.24)
	文史哲	-0.15 (0.13)	-0.36 (0.51)	-0.29** (-0.14)	-1.42*** (0.21)
	经济学/管理学	-0.6*** (0.13)	-0.01 (0.1)	-0.24*** (-0.09)	-1.2*** (0.15)
	教育学/法学	0.6*** (0.2)	0.56 (0.59)	-0.14 (-0.17)	-1.24*** (0.29)
	农学/医学	-0.25 (0.2)	0.34 (0.47)	-0.67*** (-0.17)	-1.02*** (0.29)
	父亲的职业是管理技术类	0.35** (0.16)	0.49*** (0.19)	0.76*** (0.24)	0.42** (0.17)
	父亲的受教育年限	0.02 (0.01)	0.03 (0.02)	-0.01 (-0.01)	0 (0.02)
	母亲的受教育年限	0 (0.01)	0.01 (0.01)	0.01 (0.01)	0.01 (0.01)
	中等家庭收入	0.04 (0.1)	-0.01 (0.12)	0.02 (0.07)	-0.33** (0.15)
	高家庭收入	-0.19 (0.27)	0.23 (0.25)	0.16 (0.12)	-0.47** (0.21)
	家庭的社会联系广泛	0.15 (0.11)	0.1 (0.17)	0.03 (0.19)	0.02 (0.12)
固定效应	农村	0.06 (0.09)	-0.01 (0.08)	-0.04 (0.07)	0.1 (0.1)
	女性	-0.23*** (0.09)	-0.36*** (0.08)	-0.1 (0.07)	-0.44*** (0.09)

续表

		2005 年	2007 年	2011 年	2013 年
	汉族	-0.34*** (0.14)	0.11 (0.17)	-0.08 (0.16)	-0.02 (0.17)
	学业成绩班内排名前25%	0.3*** (0.12)	0.11 (0.12)	0.21** (0.1)	0.38*** (0.12)
	学业成绩班内排名前25%—50%	0.16* (0.1)	0.04 (0.11)	0.1 (0.09)	0.02 (0.1)
	中共党员	-0.05 (0.09)	0.23*** (0.09)	0.12 (0.08)	0.2** (0.09)
	担任过学生干部	0.08 (0.08)	0.09 (0.08)	-0.03 (0.07)	-0.04 (0.09)
	有英语水平证书	0.13 (0.1)	-0.04 (0.09)	0 (0.08)	-0.08 (0.1)
	辅修生或双学位	0.08 (0.13)	0.28*** (0.11)	0.08 (0.09)	-0.03 (0.12)
	获得过奖助学金	0.02 (0.09)	0.2** (0.09)	0.09 (0.07)	0.02 (0.09)
	就业地为大中城市	-0.15 (0.09)	-0.29*** (0.1)	0 (0.08)	-0.16 (0.12)
固定效应	父亲的职业是管理技术类×专科	-0.46 (0.32)	0.42 (0.27)	-0.35 (0.22)	0.16 (0.21)
	父亲的职业是管理技术类×研究生	-0.72 (0.49)	-0.97** (0.48)	-0.54 (0.53)	-0.38 (0.26)
	父亲的受教育年限×专科	—	0 (0.03)	—	—
	父亲的受教育年限×研究生	—	0.03 (0.05)	—	—
	家庭的社会联系广泛×专科	0.29 (0.23)	0.34 (0.21)	0.23 (0.19)	—
	家庭的社会联系广泛×研究生	-1.48*** (0.45)	-0.65 (0.53)	0.18 (0.67)	—
	中等家庭收入×专科	—	—	—	0.09 (0.21)
	中等家庭收入×研究生	—	—	—	-0.15 (0.28)
	高家庭收入×专科	—	—	—	0.33 (0.29)
	高家庭收入×研究生	—	—	—	0.12 (0.39)
	父亲的职业是管理技术类×文哲	-0.28 (0.39)	-1.18*** (0.32)	0.37 (0.28)

续表

	2005 年	2007 年	2011 年	2013 年
父亲的职业是管理技术类×经济学/管理学	0.23 (0.25)	—	-0.08 (0.25)	0.3 (0.21)
父亲的职业是管理技术类×教育学/法学	1.18** (0.57)	0.23 (0.64)	—	0.43 (0.38)
父亲的职业是管理技术类×农学/医学	—	-0.08 (0.52)	0.44 (0.52)	0.44 (0.41)
家庭的社会联系广泛×文史哲	—	-0.02 (0.37)	0.5 (0.31)	—
家庭的社会联系广泛×经济学/管理学	0.13 (0.2)	0.18 (0.47)	-0.15 (0.2)	—
家庭的社会联系广泛×教育学/法学	0.05 (0.36)	0.42 (0.43)	0.56 (0.44)	—
家庭的社会联系广泛×农学/医学	—	—	—	—
父亲的受教育年限×文史哲	—	0.07* (0.04)	—	—
父亲的受教育年限×教育学/法学	—	0.01 (0.05)	—	—
父亲的受教育年限×农学/医学	—	0.02 (0.04)	—	—
中等家庭收入×文史哲	—	—	—	0.58* (0.3)
中等家庭收入×经济学/管理学	—	—	—	0.12 (0.21)
中等家庭收入×教育学/法学	—	—	—	0.23 (0.39)
中等家庭收入×农学/医学	—	—	—	0.39 (0.39)
高家庭收入×文史哲	—	—	—	0.94** (0.39)
高家庭收入×经济学/管理学	—	—	—	0.05 (0.27)
高家庭收入×教育学/法学	—	—	—	-0.16 (0.55)
高家庭收入×农学/医学	—	—	—	1.78* (0.98)

固定效应

注：1. 括号内为标准误。2. *、** 和 *** 分别代表 0.1、0.05 和 0.1 的显著性水平。

数据来源：GSE2005、GSE2007、GSE2011 和 GSE2013。

附录2

附 图

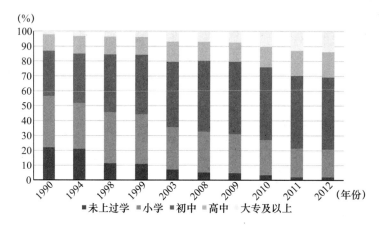

附图1 中国劳动力就业人口的教育分布（1990—2012）

数据来源：1998年和2003年数据来自《中国劳动统计年鉴》；其余年份数据来自《中国人口与就业统计年鉴》。

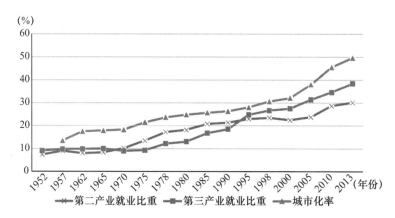

附图2 中国第二、第三产业就业比重及城市化率的变化趋势（1952—2013）

数据来源：《中国统计年鉴（2014）》和《中国统计年鉴（2000）》。

附录 3

教育扩张对成人高等教育经济回报的影响研究[*]

一 引言

始于 1999 年的高等教育扩张使得我国高等教育规模迅速扩大,从精英主义教育阶段迈入大众化教育阶段。教育扩张对高等教育经济回报的影响成为劳动经济学和教育经济学中重要的研究主题之一。虽然很多研究关注了教育扩张对不同学历层次高等教育经济回报的影响,但是鲜有研究探讨教育扩张对不同类型高等教育(比如成人高等教育与普通高等教育)的教育收益的影响差异。

一般而言,成人高等教育主要包括成人高考、高等教育自学考试、广播电视大学、网络教育等形式。在高等教育系统中,成人高等教育的相对规模近二十年来呈不断下降趋势(见图 1),成人高等教育在校生数最高时占所有高等教育在校生数近一半,而近十年维持在 20% 左右。从成人高等教育的内部结构来看,成人本科在校生占所有成人高等教育在校生的比例呈逐年增加趋势,且在教育扩张后变得更加明显,近十年维持在 40% 左右。考虑到成人高等教育在我国高等教育系统中的独特地位,以及教育扩张对高等教育系统带来的巨大变化,本研究试图探讨教育扩张对成人高等教育的劳动力市场回报所产生的影响。

---

* 本文整理后曾发表在《国家教育行政学院学报》(CSSCI)2017 年第 4 期,本文不属于博士论文的章节,因研究内容同是关于教育扩张,故收录于本书。

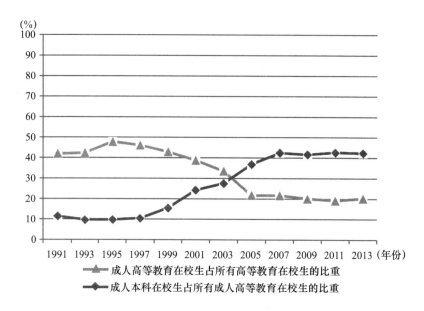

图1　教育扩张前后成人高等教育规模的变化趋势

数据来源:《中国教育统计年鉴（1991—2013)》。

二　文献综述与研究假设

关于教育扩张对高等教育回报的影响，学界观点不尽一致。社会学中的现代化理论认为随着经济发展、技术进步、工业化进程和教育扩张，教育等自致性因素将越来越成为个人社会经济地位的决定性因素，而家庭出身等先赋性因素的作用会逐渐消亡（Hout, 1988）。换句话说，教育，包括高等教育的社会经济地位回报不会因教育扩张而降低。国内也有学者认为教育扩张适应了经济形势和劳动力市场的变化，对大学毕业生工资和教育收益率的影响有限（常进雄和项俊夫，2013）。

但是，信号筛选理论提供了另一种视角。该理论认为对于一个求职者来说，教育程度是他的能力和信号，而对雇主来说，教育则扮演着一个筛选装置的角色。教育之所以能起到这种信号作用，是因为一个人的能力与他获得信号所需花费的成本成反比。

在劳动力市场上，对于竞争者而言，收入水平的高低不是由绝对教育水平决定的，而是取决于相对教育水平。因此，当教育扩张急剧增加了高等教育群体数量的同时，也降低了高等教育的区分度，使得高等教育在雇主那里的信号功能降低，从而导致高等教育社会经济回报的下降。与此同时，高等教育规模不断扩大，将使高中毕业生以及其他没有受过高等教育的劳动者在求职者队伍中相对位置后移，为了在求职者队伍中占据更有利位置，从而获得好工作，他们会继续追求更高层次的高等教育，从而导致"文凭膨胀"（柯林斯，1998），进一步加剧高等教育文凭贬值。

国内外学者的一些实证研究证实了这一观点（何亦名，2009；丁小浩等，2012；Ortiz 和 Wolbers，2013）。比如 Ortiz 和 Wolbers 对欧洲 29 个国家的研究结论支持教育扩张降低了职业回报，并且文凭膨胀越严重，教育回报越低。丁小浩等（2012）研究发现，除初中以外，其他各级教育收益率的变化并没有延续以往显著上升的走势，而是逐渐趋于平稳，甚至有某种下降的迹象。研究者认为这可能与高等教育扩张有关，因为高等教育扩张使得高等教育人口的供给数量与现实经济所需数量不匹配，并且伴随着教育扩张，受教育者的质量和结构的变化也可能会导致教育收益率的下降。虽然研究者都没有区分高等教育的类型，但依据信号筛选理论的逻辑，教育扩张同样会降低成人高等教育的社会经济地位回报，毕竟成人高等教育只是高等教育的一种类型。据此，我们提出第一个研究假设：

假设 1：教育扩张显著降低了成人高等教育的相对经济回报，与扩张前相比，成人高等教育获得者与高中学历获得者之间经济回报差距在教育扩张后显著更低。

虽然有许多文献探讨高等教育回报的问题，但是专门探讨成人高等教育回报的研究却很少。许玲丽等（2008）使用国家统计局 2007 年全国城镇住户调查数据分析了成人本科和成人专科的教育回报后发现，控制个人能力因素后，成人本科教育回报显著低于普通本科教育回报，而成人专科和普通专科的教育回报却没有显著差异。遗憾的是这一研究并未探讨教育扩张对成人高等教育回报的影响。

成人高等教育与普通高等教育之间的差别从某种意义上是教育质量的差异问题。如果用普通高等教育的目标和质量标准来评价成人高等教育，很显然成人高等教育的质量是低下的（韩映雄，2015）。当教育扩张增加了普通高等教育的规模，而相对缩小了成人高等教育的规模，在劳动力市场中，雇主选择普通高等教育学生的机会增加，换句话说，成人高等教育在雇主眼里的信号功能减弱，从而会降低其经济回报。

成人高等教育的功能在教育扩张后也在发生转变。在扩张前，尤其是

20世纪七八十年代普通高等教育规模偏小，成人教育主要定位于学历补偿，以满足因年龄原因无法实现"大学梦"的一代人。高等教育扩张急剧扩大了高等教育规模，大大增加了普通高等教育机会，使得成人高等教育的学历补偿功能逐步丧失，成人教育的学生构成也相应发生了很大变化，逐渐成为某些人"混文凭"的工具，这可能会降低其经济回报（许玲丽等，2008）。据此，我们提出第二个研究假设：

假设2：教育扩张显著拉大了成人高等教育获得者与普通高等教育获得者之间的经济回报差距，两者之间的差距在教育扩张后显著更大。

三　数据、变量与模型

1. 数据来源

本书的数据来源于中国综合社会调查2013年的数据。中国综合社会调查是由中国人民大学社会学系与香港科技大学调查研究中心于2003年开始推进的中国内地综合社会调查项目。截至目前，该项目共开展了九次调查。每次调查，课题组根据行政区划资料，把全国2801个区县单位（不含港澳台地区）作为调查总体，将其划分为三大直辖市市辖区、省会城市市辖区、东部地区区县、中部地区区县和西部地区区县等5个抽样框，采用分层四阶段不等概率抽样，共抽取样本总量为10000个。本文的研究对象主要是改革开放之后开始接受高等教育的群体，有效样本量为2828名。之所以这样选择，有两个方面的原因：其一，1949年至1978年高等教育受国家政治形势，比如"文化大革命"事件影响较大，高等教育包括成人高等教育发展一度中断；其二，改革开放后我国逐步进入市场经济社会，高等教育回报更能反映劳动力的市场价值。

2. 变量选择

本研究的因变量是个人年收入的对数，具体是指个人2012年全年的职业或劳动收入，在纳入模型时取对数值。自变量是个人的教育水平。根据研究需要，我们只选取了高中及以上学历，因此，模型分析时，个人的教育水平包含高中学历、专科学历和本科学历。问卷同样调查了被访者接受的高等教育类型，分为普通高等教育和成人高等教育两类。

控制变量包括被访者的性别、工作年限、工作年限的平方项、就业的单位类型、行业领域、就业区域、户籍类型以及父母亲的教育水平。其中，性别以女性为参照组；工作单位类型包括国有或集体所有单位、私有企业、外资或港澳台单位三类，以私有企业为参照组；行业领域包括农林牧渔业、采矿/制造或建筑业、电力/煤气和水生产供应业、运输/仓储和邮政业、批发零售/餐饮住宿和旅游业、房地产/金融和信息科技业、科教文卫以及公共管理和社会组织八类，以科教文卫为参照组；就业区域分为东部、中部和西部地区，以西部地区为参照组；户籍类型以农业户口为参照组；父母的教育水平包括以下几个类别：未受过任何教育、私塾、小学、初中、职业高中、中专及技校、高中、大专、本科和研究生。研究者将其按照对应的受教育年限，转化为连续变量。具体地说，上述教育水平依次对应的受教育年限为 0、3、6、9、12、12、12、15、16 和 19。

3. 模型和估计方法

考察高等教育的教育回报，最常用的模型是 Mincer 教育收益率方程，模型如下：

$$\ln Y_i = \alpha + \beta_1 edu3_i + \beta_2 edu2_i + \gamma X_i + \varepsilon_i$$

其中，i 表示个体；$\ln Y$ 表示个人年收入的自然对数；$edu3$ 和 $edu2$ 分别表示本科和专科学历；X 是控制变量，包括被访者的人口统计学特征变量，以及工作单位和行业特征变量等，用以反映教育之外的人力资本积累和个人能力等因素的影响，如性别、工作年限及其平方项、工作单位类型、行业和地区等。在这一公式中，大学本科和专科相对于高中学历的教育收益率分别为 β_1 和 β_2。为了进一步比较普通高等教育与成人高等教育的教育回报差异，研究者在上述公式中加入了学历和成人高等教育的交互项，如下式所示：

$$\ln Y_i = \alpha + \beta_1 edu3_i + \beta_2 edu2_i + \beta_3 (edu3 \times adult)_i + \beta_4 (edu2 \times adult)_i + \gamma X_i + \varepsilon_i$$

其中，$edu3 \times adult$ 表示成人本科，$edu2 \times adult$ 表示成人专科。因此，普通本科相对于高中学历的教育回报是 β_1，成人本科的教育回报为 $\beta_1 + \beta_3$，普通本科与成人本科之间的回报差异为 β_3。同样，普通专科相对于高中学历的教育回报是 β_2，成人专科的教育回报为 $\beta_2 + \beta_4$。

基于普通最小二乘法估计教育回报时，需要考虑到自选择和异质性问题，这也一直是教育收益率研究的难点所在。对于自选择问题，限于数据，本文的做法是在模型中加入父母亲的受教育年限，以此作为个体能力的替代变量。将父母的教育程度作为能力代理变量而非工具变量的做法与 Ashenfelter 和 Zimmerman（1997）和许玲丽等人（2008）相同；对于异质性问题，本书将通过分位数回归的方法加以验证。

四　实证分析结果

1. 变量的描述性统计

表 1 是整个样本变量的描述性统计。在 2828 名研究对象中，高等教育学历获得者的比例占 55%，其中，成人高等教育学历获得者共有 498 名，约占 18%，进一步地，成人本科学历获得者占 7%。将近一半的被访者（约 45%）是在高等教育扩张之后完成教育的。从个人特征来看，性别比例中男性比例稍高；非农户口比例占到 67%；平均工作年限为 13 年。从就业单位特征来看，在工作单位类型中，国有或集体所有单位最多，占 56%，其次是私有企业，占 40%；在就业行业中，排在前三位的是采矿、制造或建筑业（25%）、科教文卫（19%）、批发零售、餐饮住宿和旅游业（17%）以及房地产、金融和信息科技业（17%）；在就业区域中以东部地区（56%）为主。

表 1		研究样本的基本情况描述			（%）
变量	数量	百分比	变量	数量	百分比
学历层次			工作单位类型		
高中学历	1279	45.23	国有或集体所有单位	864	55.46
成人专科	300	10.61	私有企业	625	40.12
普通专科	500	17.68	外资或港澳台单位	69	4.43
成人本科	198	7.00	就业行业		
普通本科	551	19.48	农林牧渔业	22	1.12
性别			采矿、制造或建筑业	497	25.31
男性	1536	54.31	电力、煤气和水生产供应业	39	1.99
女性	1292	45.69	运输、仓储和邮政业	149	7.59
户籍类型			批发零售、餐饮住宿和旅游业	339	17.26
农业户口	921	32.62	房地产、金融和信息科技业	339	17.26
非农户口	1902	67.38	科教文卫	371	18.89
最高学历完成时间			公共管理和社会组织	208	10.59
1982—2002 年毕业	1546	54.67	就业区域		
2003—2013 年毕业	1282	45.33	东部地区	1588	56.15

续表

变量	数量	百分比	变量	数量	百分比
工作年限	2087	13.16*	中部地区	702	24.82
父亲的受教育年限	2788	8.51*	西部地区	538	19.02
母亲的受教育年限	2806	6.84*			

注：*表示此处的统计指标为均值。

数据来源：中国综合社会调查2013年数据，下同。

表2是进一步按照五类学历（分别为高中、成人专科、普通专科、成人本科和普通本科）分别列出各个变量的均值与标准差。我们可以直观地看到，普通本科毕业生与成人本科毕业生，成人本科毕业生与普通专科毕业生之间的对数年收入差值约0.1，但成人专科毕业生与普通专科毕业生之间的对数年收入基本持平。高中生的对数年收入与其他四组人群的差别较大，比专科毕业生约低0.2。成人专科和普通专科相比，男性比例要更高；成人本科和普通本科相比，男女性别比例基本平衡。城乡户籍比例在同一级别的成人高等教育和普通高等教育之间不存在差异，但是随着学历层次的提高，城乡差异逐渐增大，换句话说，城市居民比农村居民获得了更多接受高学历教育的机会。相对于普通高等教育毕业生而言，成人高等教育毕业生在国有或集体所有单位工作的比例更高，在私有企业工作的比例更低；在采矿/制造和建筑业、批发零售/餐饮住宿和旅游业、房地产/金融和信息科技业的比例更低，而在科教文卫以及公共管理和社会组织的比例更高，这可能反映了在不同市场化程度的行业，成人高等教育学历的被认可程度和回报的差异。

表2 　　　　　　　　　分学历层次的样本情况描述

	高中		成人专科		普通专科		成人本科		普通本科	
	均值	标准差	均值	标准差	均值	标准差	均值	标准差	均值	标准差
职业年收入的对数	10.22	0.77	10.44	0.65	10.49	0.66	10.62	0.61	10.73	0.67
男性	0.55	0.50	0.58	0.49	0.50	0.50	0.53	0.50	0.56	0.50
工作年限	13.71	8.99	16.52	10.25	11.59	8.39	16.95	8.92	9.88	8.30

续表

	高中		成人专科		普通专科		成人本科		普通本科	
	均值	标准差	均值	标准差	均值	标准差	均值	标准差	均值	标准差
工作年限的平方	264.66	303.31	377.59	397.99	197.80	268.70	364.28	330.40	165.13	268.74
父亲的受教育年限	7.57	3.85	8.29	4.02	9.01	3.76	8.65	3.78	10.34	3.40
母亲的受教育年限	5.76	4.16	6.15	4.53	7.52	4.11	6.65	4.32	9.17	3.78
东部地区	0.49	0.50	0.55	0.50	0.64	0.48	0.57	0.50	0.66	0.48
中部地区	0.28	0.45	0.22	0.41	0.23	0.42	0.24	0.43	0.20	0.40
西部地区	0.22	0.42	0.23	0.42	0.13	0.34	0.20	0.40	0.14	0.35
国有或集体所有单位	0.46	0.50	0.66	0.47	0.55	0.50	0.82	0.38	0.55	0.50
私有企业	0.52	0.50	0.32	0.47	0.42	0.49	0.13	0.34	0.35	0.48
外资或港澳台单位	0.02	0.15	0.02	0.13	0.03	0.18	0.04	0.20	0.10	0.30
农林牧渔业	0.01	0.10	0.03	0.16	0.01	0.07	0.01	0.11	0.01	0.10
采矿、制造或建筑业	0.30	0.46	0.21	0.40	0.25	0.43	0.11	0.31	0.24	0.43
电力、煤气和水生产供应业	0.02	0.15	0.02	0.15	0.03	0.16	0.02	0.13	0.01	0.07
运输、仓储和邮政业	0.11	0.31	0.05	0.22	0.06	0.23	0.07	0.25	0.05	0.22
批发零售、餐饮住宿和旅游业	0.23	0.42	0.12	0.33	0.18	0.38	0.05	0.23	0.12	0.32
房地产、金融和信息科技业	0.17	0.38	0.14	0.35	0.17	0.38	0.13	0.34	0.21	0.40
科教文卫	0.10	0.29	0.21	0.40	0.22	0.41	0.42	0.50	0.25	0.43
公共管理和社会组织	0.05	0.22	0.23	0.42	0.09	0.29	0.18	0.39	0.12	0.33
农业户口	0.46	0.50	0.23	0.42	0.27	0.44	0.17	0.37	0.18	0.38
非农户口	0.54	0.50	0.77	0.42	0.73	0.44	0.83	0.37	0.82	0.38
样本量	475		163		277		126		291	

2. 成人高等教育的经济回报

在探讨教育扩张对成人高等教育经济回报的影响之前，我们首先分析了成人高等教育的经济回报情况。表3是成人高等教育经济回报回归分析的估计结果。模型（1）对应最简单的 Mincer 方程，控制变量只包括教育程度（本科学历和专科学历）、性别、工作年限及其平方项。模型（2）加入了父亲的受教育年限和母亲的受教育年限这两个个体能力代理变量。模型（3）在模型（2）的基础上，进一步在回归方程中加入了工作单位类型、就业行业、就业地区和户籍变量。我们可以看出，在控制所有变量的情况下，本科学历的经济回报（相对于高中学历）为0.42，这大致对应于每年10%的回报率，专科学历的经济回报为0.20，这大致对应于每年7%的回报率。这一教育回报与其他有关教育收益率文献（岳昌君，2004；丁小浩，2012）的估计基本一致。另外，男性的工资比女性显著高约24%。工作年限对工资的影响呈首先递增、然后递减的正常形态。地区因素也对工资具有显著影响，东部地区工资水平最高，其次是西部地区，最低的是中部地区。与私有企业相比，外资或港澳台办单位的收入水平显著更高。在就业行业方面，与教科文卫相比，采矿/制造或建筑业、运输/仓储和邮政业以及房地产、金融和信息科技业的年收入水平显著更高，而公共管理和社会组织显著更低。户籍对收入水平的影响并不显著。

由于模型（3）中教育回报的估计与其他研究基本一致，可以认为我们使用能力变量来控制由遗漏变量导致的回归偏误的方法基本令人满意。以此为基础，模型（4）至模型（6）中继续加入了成人高等教育和本科学历的交互项（edu3 × adult）以及成人高等教育和专科学历的交互项（edu2 × adult）这两个变量。由此，我们可以推断不同高等教育类型对教育回报的影响。模型（6）的估计结果表明，相对于高中学历而言，普通本科的经济回报为0.45，普通专科的经济回报为0.19。成人本科的经济回报显著低于普通本科，二者差距为0.1，但是普通专科和成人专科的经济回报并不存在显著差异。那么，成人本科的经济回报低于普通本科这一现象一直存在吗，与教育扩张是否有关？

表 3　　　　　　　　　　成人高等教育经济回报的估计结果

	（1）	（2）	（3）	（4）	（5）	（6）
本科学历	0.44***	0.38***	0.42***	0.50***	0.44***	0.45***
	（0.04）	（0.04）	（0.04）	（0.04）	（0.04）	（0.04）
专科学历	0.20***	0.17***	0.20***	0.24***	0.21***	0.19***
	（0.03）	（0.03）	（0.04）	（0.04）	（0.04）	（0.04）
本科×成人教育	—	—	—	-0.20***	-0.18***	-0.10*
				（0.06）	（0.06）	（0.06）
专科×成人教育	—	—	—	-0.11**	-0.10*	0.03
				（0.05）	（0.05）	（0.05）
男性	0.27***	0.28***	0.24***	0.26***	0.28***	0.24***
	（0.03）	（0.03）	（0.03）	（0.03）	（0.03）	（0.03）
工作年限	0.03***	0.03***	0.04***	0.03***	0.03***	0.04***
	（0.01）	（0.01）	（0.01）	（0.01）	（0.01）	（0.01）
工作年限的平方项	-0.00***	-0.00***	-0.00***	-0.00***	-0.00***	-0.00***
	（0.00）	（0.00）	（0.00）	（0.00）	（0.00）	（0.00）
父亲的受教育年限	—	0.01**	0.00	—	0.01**	0.00
		（0.00）	（0.00）		（0.00）	（0.00）
母亲的受教育年限	—	0.01**	0.01	—	0.01**	0.01
		（0.00）	（0.00）		（0.00）	（0.00）
东部地区	—	—	0.34***	—	—	0.34***
			（0.04）			（0.04）
中部地区	—	—	-0.12**	—	—	-0.12**
			（0.05）			（0.05）
国有部门	—	—	-0.05	—	—	-0.05
			（0.03）			（0.03）
外资或港澳台单位	—	—	0.15*	—	—	0.14*
			（0.08）			（0.08）
农林牧渔业	—	—	-0.01	—	—	-0.02
			（0.16）			（0.16）
采矿、制造或建筑业	—	—	0.09**	—	—	0.09*
			（0.05）			（0.05）

续表

	（1）	（2）	（3）	（4）	（5）	（6）
电力、煤气和水生产供应业	—	—	0.01 (0.10)	—	—	0.01 (0.10)
运输、仓储和邮政业	—	—	0.11 * (0.06)	—	—	0.11 * (0.06)
批发零售、餐饮住宿和旅游业	—	—	0.07 (0.06)	—	—	0.07 (0.06)
房地产、金融和信息科技业	—	—	0.12 ** (0.05)	—	—	0.12 ** (0.05)
公共管理和社会组织	—	—	- 0.26 *** (0.06)	—	—	- 0.27 *** (0.06)
城市户籍	—	—	- 0.03 (0.04)	—	—	- 0.03 (0.04)
截距项	9.94 *** (0.04)	9.75 *** (0.06)	9.61 *** (0.07)	9.91 *** (0.04)	9.75 *** (0.06)	9.61 *** (0.07)
样本量	1903	1878	1332	1903	1878	1332
R^2	0.119	0.131	0.298	0.126	0.137	0.300
调整后的 R^2	0.117	0.128	0.288	0.123	0.133	0.289

注：1. *、** 和 *** 分别代表显著性水平为 0.1、0.05 和 0.01。

2. 括号内为标准误。

3. 教育扩张对成人高等教育经济回报的影响

接下来，我们以被访者完成最高学历的时间为标准，将研究对象分为两类：教育扩张前完成教育群体和教育扩张后完成教育群体。模型（1）至模型（3）的研究对象是教育扩张后完成最高学历教育的群体，而模型（4）至模型（6）的研究对象是教育扩张前完成最高学历教育的群体。结果表明，教育扩张显著降低了成人高等教育的相对经济回报，与教育扩张前相比，教育扩张后，成人高等教育获得者与高中学历获得者之间的相对经济回报差距显著降低。数据显示，在教育扩张前，与高中学历相比，成人专科学历的收入回报是 0.24，且达到 0.01 的显著性水平，但是在教育扩张后，成人专科学历的收入回报降低到 0.1，且没有达到统计意义上的显著性水平。同样的，与高中学历相比，成人本科学历的收入回报由教育扩张前的 0.39 下降到 0.24。换句话说，教育扩张使得成人高等教育学历发生了"贬值"现象。这一结果支持了我们前面的研究假设1，即教育扩招显著降低了成人高等教育的相对经济回报。

表4　　教育扩张对成人高等教育回报（相比高中）影响的估计结果

	（1）	（2）	（3）	（4）	（5）	（6）
成人专科	0.03 （0.08）	-0.01 （0.08）	0.10 （0.09）	0.16*** （0.06）	0.14** （0.06）	0.24*** （0.06）
普通专科	0.15** （0.07）	0.10 （0.07）	0.11 （0.07）	0.30*** （0.05）	0.27*** （0.05）	0.24*** （0.05）
成人本科	0.14 （0.09）	0.11 （0.09）	0.24** （0.10）	0.42*** （0.08）	0.38*** （0.08）	0.39*** （0.09）
普通本科	0.47*** （0.06）	0.40*** （0.06）	0.41*** （0.07）	0.54*** （0.06）	0.49*** （0.06）	0.47*** （0.06）
男性	0.22*** （0.05）	0.23*** （0.05）	0.17*** （0.05）	0.30*** （0.04）	0.31*** （0.04）	0.30*** （0.04）
工作年限	0.04*** （0.01）	0.04*** （0.01）	0.05*** （0.01）	0.01 （0.01）	0.00 （0.01）	0.02** （0.01）
工作年限的平方项	-0.00* （0.00）	-0.00** （0.00）	-0.00** （0.00）	-0.00 （0.00）	-0.00 （0.00）	-0.00** （0.00）
父亲的受教育年限	—	0.01* （0.01）	-0.00 （0.01）	—	0.01* （0.01）	0.00 （0.01）
母亲的受教育年限	—	0.01 （0.01）	0.01 （0.01）	—	0.01** （0.01）	0.00 （0.01）
东部地区	—	—	0.31*** （0.07）	—	—	0.38*** （0.06）
中部地区	—	—	-0.19** （0.08）	—	—	-0.06 （0.07）
国有部门	—	—	-0.04 （0.06）	—	—	-0.04 （0.04）
外资或港澳台单位	—	—	0.13 （0.11）	—	—	0.19* （0.12）
农林牧渔业	—	—	-0.34 （0.25）	—	—	0.26 （0.20）

续表

	(1)	(2)	(3)	(4)	(5)	(6)
采矿、制造或建筑业	—	—	0.14 * (0.07)	—	—	0.06 (0.06)
电力、煤气和水生产供应业	—	—	0.10 (0.19)	—	—	−0.05 (0.11)
运输、仓储和邮政业	—	—	0.05 (0.10)	—	—	0.16 ** (0.08)
批发零售、餐饮住宿和旅游业	—	—	0.07 (0.09)	—	—	0.07 (0.07)
房地产、金融和信息科技业	—	—	0.17 ** (0.07)	—	—	0.08 (0.07)
公共管理和社会组织	—	—	−0.30 *** (0.10)	—	—	−0.24 *** (0.08)
城市户籍	—	—	0.01 (0.06)	—	—	−0.07 (0.05)
截距项	9.90 *** (0.06)	9.70 *** (0.09)	9.61 *** (0.12)	10.13 *** (0.08)	9.99 *** (0.09)	9.76 *** (0.11)
样本量	762	750	590	1141	1128	742
R^2	0.137	0.152	0.303	0.133	0.146	0.324
调整后的 R^2	0.129	0.141	0.277	0.128	0.139	0.304

注：1. *、** 和 *** 分别代表显著性水平为 0.1、0.05 和 0.01。

2. 括号内为标准误。

不仅如此，教育扩张还拉大了成人高等教育与普通高等教育之间的经济回报差距。数据表明（表5），在教育扩张前，成人本科和普通本科之间的经济回报基本相当，而两者之间的差距在教育扩张后显著变大，达到0.17。尽管如此，成人专科与普通专科之间的经济回报差距不显著，且在教育扩张前后也没有显著变化。这一结果部分支持了我们前面的研究假设2，即教育扩张显著拉大了成人本科获得者与普通本科获得者之间的经济回报差距。一个可能的原因是教育扩张对成人本科经济回报的不利影响要明显大于普通本科。表4的数据估计结果支持了这一推测，成人本科的回归系数从扩张前的0.39变为扩张后的0.24，降低了0.15，而普通本科的回报扩张后比扩张前只降低了 0.06。

表5　教育扩张对成人高等教育回报（相比普通高等教育）影响的估计结果

	（1）	（2）	（3）	（4）	（5）	（6）
本科学历	0.47 *** （0.06）	0.40 *** （0.06）	0.41 *** （0.07）	0.54 *** （0.06）	0.49 *** （0.06）	0.47 *** （0.06）
专科学历	0.15 ** （0.07）	0.10 （0.07）	0.11 （0.07）	0.30 *** （0.05）	0.27 *** （0.05）	0.24 *** （0.05）
本科×成人教育	- 0.33 *** （0.08）	- 0.29 *** （0.08）	- 0.17 ** （0.09）	- 0.12 （0.10）	- 0.11 （0.10）	- 0.08 （0.09）
专科×成人教育	- 0.12 （0.09）	- 0.12 （0.09）	- 0.01 （0.09）	- 0.14 * （0.07）	- 0.13 * （0.07）	0.01 （0.07）
男性	0.22 *** （0.05）	0.23 *** （0.05）	0.17 *** （0.05）	0.30 *** （0.04）	0.31 *** （0.04）	0.30 *** （0.04）
工作年限	0.04 *** （0.01）	0.04 *** （0.01）	0.05 *** （0.01）	0.01 （0.01）	0.00 （0.01）	0.02 ** （0.01）
工作年限的平方项	- 0.00 * （0.00）	- 0.00 ** （0.00）	- 0.00 ** （0.00）	- 0.00 （0.00）	- 0.00 （0.00）	- 0.00 ** （0.00）
父亲的受教育年限	—	0.01 * （0.01）	- 0.00 （0.01）	—	0.01 * （0.01）	0.00 （0.01）
母亲的受教育年限	—	0.01 （0.01）	0.01 （0.01）	—	0.01 ** （0.01）	0.00 （0.01）
东部地区	—	—	0.31 *** （0.07）	—	—	0.38 *** （0.06）
中部地区	—	—	- 0.19 ** （0.08）	—	—	- 0.06 （0.07）
国有部门	—	—	- 0.04 （0.06）	—	—	- 0.04 （0.04）
外资或港澳台单位	—	—	0.13 （0.11）	—	—	0.19 * （0.12）
农林牧渔业	—	—	- 0.34 （0.25）	—	—	0.26 （0.20）

续表

	（1）	（2）	（3）	（4）	（5）	（6）
采矿、制造或建筑业	—	—	0.14 * (0.07)	—	—	0.06 (0.06)
电力、煤气和水生产供应业	—	—	0.10 (0.19)	—	—	− 0.05 (0.11)
运输、仓储和邮政业	—	—	0.05 (0.10)	—	—	0.16 ** (0.08)
批发零售、餐饮住宿和旅游业	—	—	0.07 (0.09)	—	—	0.07 (0.07)
房地产、金融和信息科技业	—	—	0.17 ** (0.07)	—	—	0.08 (0.07)
公共管理和社会组织	—	—	− 0.30 *** (0.10)	—	—	− 0.24 *** (0.08)
城市户籍	—	—	0.01 (0.06)	—	—	− 0.07 (0.05)
截距项	9.90 *** (0.06)	9.70 *** (0.09)	9.61 *** (0.12)	10.13 *** (0.08)	9.99 *** (0.09)	9.76 *** (0.11)
样本量	762	750	590	1141	1128	742
R^2	0.137	0.152	0.303	0.133	0.146	0.324
调整后的 R^2	0.129	0.141	0.277	0.128	0.139	0.304

注：1. *、** 和 *** 分别代表显著性水平为 0.1、0.05 和 0.01。

2. 括号内为标准误。

最后，为了检验教育回报异质性问题对研究结论的可能影响，我们进行了分位数回归。我们使用与表 3 中模型（6）相同的解释变量，在第 25、50、75 个百分位点分别进行回归。结果显示，各变量的回归系数在不同的分位点上都比较接近，教育回报异质性的问题并不严重。

五　结论与讨论

本书基于中国综合社会调查 2013 年数据，重点分析了教育扩张对我国成人高等教育经济回报的影响。研究的主要结论是教育扩张降低了成人高等教育的相对经济回报。具体地说，一方面，与教育扩张前相比，教育扩张后成人高等教育相比高中学历的相对经济回报显著降低。这一发现支持了信号筛选理论的观点。随着我国高等教育扩张，劳动力市场中涌入了过多拥有高等教育文凭的人，而这些群体绝大部分为普通高等教育获得者，他们的出现使得雇主在劳动力市场上的选择余地增加，与成人高等教育教育获得者就工资讨价还价的砝码变大，从而对成人高等教育获得者形成了挤压效应，造成其经济回报相对降低。

另一方面，尽管教育扩张对成人专科和普通专科之间的经济回报差距影响不显著，但拉大了成人本科与普通本科之间的经济回报差距。成人教育定位主要是职业教育和继续教育，这与普通本科教育的特点有较大的区别，而与普通专科教育非常相似（许玲丽等，2008）。随着经济结构转型和产业结构升级，国家经济社会发展对技能型劳动者的需求不断增加，在一定程度上使得成人专科的劳动力市场回报依然不会发生明显变化。教育扩张之所以拉大了成人本科和普通本科之间的经济回报差距，是因为教育扩张对成人本科经济回报的负向影响要大于普通本科。当教育扩张使得劳动力市场上普通本科获得者的供给大于需求时，劳动力市场上的雇主会更加倾向于选择"质量"更高的普通本科获得者，会对成人本科获得者形成更大的冲击，加之攻读成人本科的学生多为在职人员，较多人为了职业晋升谋求文凭，"混文凭"的现象比较突出。

扩大民众接受高等教育机会和培养更多人才是发展成人高等教育的基本宗旨，我国成人高等教育改革应稳步发展学历继续教育，大力发展非学历继续教育，将发展和服务重心从学历高等教育转向非学历高等教育培训（韩映雄，2015）。但是在成人高等教育的内部结构调整上，研究者认为，我国成人本科的规模不宜继续扩大，更需要做的是明确其发展定位，相比追求按照普通本科教育的标准和要求培养成人本科生这一思路，回归到专科水平的职业培训和继续教育或许更符合当下我国经济社会发展对人才需求的实际情况。

参考文献

中文文献

［1］［美］白威廉：《中国的平均化现象》，载边燕杰主编《边燕杰市场转型与社会分层——美国社会学者分析中国》，生活·读书·新知三联书店 2002 年版。

［2］［美］鲍尔斯、金提斯：《资本主义美国的学校教育——教育改革与经济生活的矛盾》，李锦旭译，桂冠图书股份有限公司 1989 年版。

［3］鲍威：《未完成的转型：高等教育影响力与学生发展》，教育科学出版社 2014 年版。

［4］边燕杰、李路路、李煜：《结构壁垒，体制转型与地位资源含量》，《中国社会科学》2006 年第 5 期。

［5］边燕杰、芦强：《阶层再生产与代际资源传递》，《人民论坛》2014 年第 1 期。

［6］边燕杰、罗根：《市场转型与权力的维续：中国城市分层体系之分析》，载边燕杰主编《市场转型与社会分层——美国社会学者分析中国》，生活·读书·新知三联书店 2002 年版。

［7］［法］布尔迪厄、帕斯隆：《再生产：一种教育系统理论的要点》，邢克超译，商务印书馆 2002 年版。

［8］蔡昉：《破除大学毕业生就业难的误读》，《行政管理改革》2013 年第 10 期。

［9］常进雄、项俊夫：《扩招对大学毕业生工资及教育收益率的影响研究》，《中国人口科学》2013 年第 3 期。

［10］陈彬莉：《教育：地位生产机制，还是再生产机制——教育与社会

分层关系的理论述评》，《社会科学辑刊》2007 年第 2 期。

[11] 陈恢忠：《市场过渡期中国大城市居民职业地位获致中的先赋因素与自致因素》，《管理世界》2005 年第 1 期。

[12] 陈晓宇、陈良焜、夏晨：《20 世纪 90 年代中国城镇教育收益率的变化与启示》，《北京大学教育评论》2003 年第 2 期。

[13] 〔美〕丹尼尔·A. 鲍威斯、谢宇：《分类数据分析的统计方法》（第 2 版），任强、巫锡炜译，社会科学文献出版社 2009 年版。

[14] 丁小浩、于洪霞、余秋梅：《中国城镇居民各级教育收益率及其变化研究：2002—2009 年》，《北京大学教育评论》2012 年第 3 期。

[15] 丁小浩：《规模扩大与高等教育入学机会均等化》，《北京大学教育评论》2006 年第 2 期。

[16] 范晓光：《威斯康辛学派挑战"布劳—邓肯"的地位获得模型》，《中国社会科学报》2011 年 5 月 3 日。

[17] 付碧真：《教育扩张对入学机会均等影响之研究》，《教育研究集刊》2000 年第 44 期。

[18] 高勇：《中国城市中的结构变迁与代际流动》，博士学位论文，北京大学，2008 年。

[19] 郭丛斌：《教育与代际流动的关系研究——中国劳动力市场分割的视角》，博士学位论文，北京大学，2006 年。

[20] 郝雨霏、陈皆明、张顺：《中国高校扩大招生规模对代际社会流动的影响》，《西北大学学报》（哲学社会科学版）2014 年第 2 期。

[21] 韩映雄：《我国成人高等教育发展与转型》，《现代教育管理》2015 年第 3 期。

[22] 何亦名：《教育扩张下教育收益率变化的实证分析》，《中国人口科学》2009 年第 2 期。

[23] 胡荣、张义祯：《高等教育机会阶层辈出率影响因素研究》，《清华大学教育研究》2007 年第 1 期。

[24] 靳希斌：《教育经济学》，人民教育出版社 2004 年版。

[25] 〔美〕兰德尔·柯林斯：《文凭社会：教育与阶层化的历史社会学》，刘慧珍译，桂冠图书股份有限公司 1998 年版。

[26] 〔法〕雷蒙德·鲍顿：《教育与社会流动：一种结构的模式》，载厉以贤主编《西方教育社会学文选》，五南图书出版公司 1992 年版。

［27］李春玲：《教育不平等的年代变化趋势（1940—2010）——对城乡教育机会不平等的再考察》，《社会学研究》2014 年第 2 期。

［28］李春玲：《移民与社会流动》，载李培林、李强、马戎主编《社会学与中国社会》，社会科学文献出版社 2008 年版。

［29］李锋亮：《教育的信息功能与筛选功能》，北京大学出版社 2009 年版。

［30］李路路、苗大雷、王修晓：《市场转型与"单位"变迁——再论"单位"研究》，《社会》2009 年第 4 期。

［31］李路路：《再生产与统治——社会流动机制的再思考》，《社会学研究》2006 年第 2 期。

［32］李路路：《制度转型与阶层化机制的变迁》，《社会学研究》2003 年第 5 期。

［33］李培林、田丰：《中国劳动力市场人力资本对社会经济地位的影响》，《社会》2010 年第 1 期。

［34］李强：《"丁字型"社会结构与"结构紧张"》，《社会学研究》2005 年第 2 期。

［35］李强：《社会分层十讲》（第二版），社会科学文献出版社 2011 年版。

［36］李煜：《代际流动的模式：理论理想型与中国现实》，《社会》2009 年第 6 期。

［37］李煜：《家庭背景在初职地位获得中的作用及变迁》，《江苏社会科学》2007 年第 5 期。

［38］梁玉成：《现代化转型与市场转型混合效应的分解——市场转型研究的年龄、时期和世代效应模型》，《社会学研究》2007 年第 4 期。

［39］［美］林南：《社会资本——关于社会结构与行动的理论》，张磊译，上海人民出版社 2005 年版。

［40］［美］林南、边燕杰：《中国城市中的就业与地位获得》，载边燕杰主编《市场转型与社会分层——美国社会学者分析中国》，生活·读书·新知三联书店 2002 年版。

［41］刘精明：《高等教育扩展与入学机会差异：1978—2003》，《社会》2006 年第 3 期。

［42］刘精明：《教育与社会分层结构的变迁》，《中国人民大学学报》

2001 年第 2 期。

[43] 刘精明：《劳动力市场结构变迁与人力资本收益》，《社会学研究》
2006 年第 6 期。

[44] 刘平、王汉生、张笑会：《变动的单位制与体制内的分化——以限
制介入性大型国有企业为例》，《社会学研究》2008 年第 3 期。

[45] 陆学艺：《当代中国社会流动》，社会科学文献出版社 2004 年版。

[46] 陆益龙：《户口还起作用吗——户籍制度与社会分层和流动》，《中
国社会科学》2008 年第 1 期。

[47] ［美］马丁·卡诺依、［美］罗朴尚、［俄罗斯］格雷戈里·安卓希
查克：《知识经济中高等教育扩张是否促进了收入分配平等化——
来自金砖国家的经验》，《北京大学教育评论》2013 年第 2 期。

[48] ［美］帕梅拉·B. 沃尔特斯：《增长的限界——历史视角中的教育
扩张与改革》，载［美］莫琳·T. 哈里楠等主编《教育社会学手
册》，傅松涛译，华东师范大学出版社 2004 年版。

[49] ［法］布尔迪厄：《区分：判断力的社会批判》，商务印书馆 2015
年版。

[50] 孙立平：《断裂——20 世纪 90 年代以来的中国社会》，社会科学文
献出版社 2003 年版。

[51] 孙艳霞、袁桂林：《农村教育促进学生社会流动限度研究》，《教育
发展研究》2009 年第 3 期。

[52] 王沪宁：《从单位到社会：社会调控体系的再造》，《公共行政与人
力资源》1995 年第 1 期。

[53] 王美艳、蔡昉：《户籍制度改革的历程与展望》，《广东社会科学》
2008 年第 6 期。

[54] 王天夫、王丰：《中国城市收入分配中的集团因素：1986—1995》，
《社会学研究》2005 年第 3 期。

[55] 王威海、顾源：《中国城乡居民的中学教育分流与职业地位获得》，
《社会学研究》2012 年第 4 期。

[56] ［美］魏昂德、［美］李博柏、［美］特雷曼：《国家社会主义制度
下的政治与生活机遇：中国城市精英生成的二元职业路径（1949—
1996）》，载边燕杰等主编《市场转型与社会分层——国外学者对中
国研究的新进展》，中国人民大学出版社 2008 年版。

[57] 温忠麟、侯杰泰、张雷：《调节效应与中介效应的比较和应用》，《心理学报》2005 年第 37 期。

[58] 文东茅：《家庭背景对我国高等教育机会及毕业生就业的影响》，《北京大学教育评论》2005 年第 3 期。

[59] 吴坚：《高等教育与社会流动的关系分析》，《华南师范大学学报》（社会科学版）2012 年第 4 期。

[60] 吴晓刚：《中国的户籍制度与代际职业流动》，《社会学研究》2007 年第 6 期。

[61] 杨东平：《从权利平等到机会均等——新中国教育公平的轨迹》，《北京大学教育评论》2006 年第 2 期。

[62] 杨东平：《高等教育入学机会：扩大之中的阶层差距》，《清华大学教育研究》2006 年第 1 期。

[63] 杨蕙馨、王海兵：《中国教育收益率：1989—2011》，《南方经济》2015 年第 6 期。

[64] 杨江华、程诚、边燕杰：《教育获得及其对职业生涯的影响（1956—2009）》，《青年研究》2014 年第 5 期。

[65] 杨奇明、林坚：《教育扩张是否足以实现教育公平?》，《管理世界》2014 年第 8 期。

[66] 余红、刘欣：《单位与代际地位流动：单位制在衰落吗?》，《社会学研究》2004 年第 6 期。

[67] 余秀兰：《教育还能促进底层的升迁性社会流动吗》，《高等教育研究》2014 年第 7 期。

[68] 许玲丽、冯帅章、陈小龙：《成人高等教育的工资效应》，《经济研究》2008 年第 12 期。

[69] 岳昌君、文东茅、丁小浩：《求职与起薪：高校毕业生就业竞争力的实证分析》，《管理世界》2004 年第 11 期。

[70] 岳昌君、杨中超：《我国高校毕业生的就业结果及其影响因素研究》，《高等教育研究》2012 年第 4 期。

[71] 岳昌君：《教育对个人收入差异的影响》，《经济学（季刊）》2004 年第 B10 期。

[72] 张宜君、林宗弘：《高等教育扩张与阶级不平等：以台湾高等教育改革为例》，台湾社会学会 2013 年度研讨会，政治大学。

［73］ 张翼:《家庭背景影响了人们教育和社会阶层地位的获得》,《中国社会科学院研究生院学报》2010 年第 4 期。

［74］ 张翼:《中国人社会地位的获得——阶级继承和代内流动》,《社会学研究》2004 年第 4 期。

［75］ 赵人伟、李实:《中国居民收入差距的扩大及其原因》,《经济研究》1997 年第 9 期。

［76］ 周雪光:《国家与生活机遇——中国城市中的再分配与分层 1949—1994》,郝大海等译,中国人民大学出版社 2015 年版。

［77］ 周雪光、［美］图玛、［美］摩恩:《国家社会主义制度下社会阶层的动态分析》,载边燕杰主编《市场转型与社会分层——美国社会学者分析中国》,生活·读书·新知三联书店 2002 年版。

［78］ 周怡:《布劳—邓肯模型之后:改造抑或挑战》,《社会学研究》2009 年第 6 期。

［79］ 周长城、张敏敏:《论阶层固化的成因与危害》,《人民论坛》2014 年第 11 期。

英文文献

［1］ Acemoglu, D. , 2000. Technical Change, Inequality, and the Labor Market. National Bureau of Economic Research, Working Paper 7800.

［2］ Alon, S. , 2009. The Evolution of Class Inequality in Higher Education: Competition, Exclusion, and Adaptation. *American Sociological Review*, 74 (5): 731 – 755.

［3］ Andersen, R. , & Van de Werfhorst, H. G. , 2010. Education and Occupational Status in 14 Countries: The Role of Educational Institutions and Labour Market Coordination. *The British Journal of Sociology*, 61 (2): 336 – 355.

［4］ Arrow, K. , 1973. Higher Education as a Filter. *Journal of Public Economics*, 2 (3): 193 – 216.

［5］ Arum, R. , Gamoran, A. , & Shavit, Y. , 2007. More Inclusion than Diversion: Expansion, Differentiation, and Market Structure in Higher Education, in Y. Shavit, R. Arum, A. Gamoran, & G. Menahem (Eds.),

Stratification in Higher Education. Stanford: Stanford University Press.

[6] Ashenfelter O. and D. Zimmerman, 1997. Estimation of Return to Schooling from Sibling Data: Fathers, Sons and Brothers. *Review of Economics and Statistics*, 79: 1 – 9

[7] Ayalon, H., & Yogev, A., 2005. Field of Study and Students' Stratification in an Expanded System of Higher Education: The Case of Israel. *European Sociological Review*, 21 (3): 227 – 241.

[8] Azevedo, V. M. R., & Bouillon, C. P., 2010. Intergenerational Social Mobility in Latin America: A Review of Existing Evidence. *Economic Analysis Review*, 25 (2): 7 – 42.

[9] Ballarino, G., Bernardi, F., & Panichella, N., 2013. Social Inequality, Educational Expansion and Return to Credentials: A Comparison between Italy and Spain. XI Congreso Español de Sociología, Madrid, España.

[10] Beller, E., & Hout, M., 2006. Intergenerational Social Mobility: The United States in Comparative Perspective. *The Future of Children*, 16 (2): 19 – 36.

[11] Bernardi, F., 2012. Unequal Transitions: Selection Bias and the Compensatory Effect of Social Background in Educational Careers. *Research in Social Stratification and Mobility*, 30 (2): 159 – 174.

[12] Bian, Y., 1999. Getting a Job through a Web of Guanxi in China. Wellman, B. (Eds.). *Networks in the Global Village*. Boulder, Co.: Westview.

[13] Blau, P., & Duncan, O. D., 1967. *The American Occupational Structure.* New York: Wiley and Sons.

[14] Blossfeld, H., 1986. Career Opportunities in the Federal Republic of Germany: A Dynamic Approach to the Study of Life-course, Cohort, and Period Effects. *European Sociological Review*, 3: 208 – 225.

[15] Bonacich, E., 1972. A Theory of Ethnic Antagonism: The Split Labor Market. *American Sociological Review*, 37 (5): 547 – 559.

[16] Brauns, H., Müller, W., & Steinmann, S., 1997. Educational Expansion and Returns to Education. A Comparative Study on Germany, France, the UK, and Hungary (No. 23). MZES.

[17] Breen, R. & Luijkx R., 2007. Social Mobility and Education: A Comparative Analysis of Period and Cohort Trends in Britain and Germany. Scherer S, Pollak R., Otte G, & Gangl M. (Eds.). *From Origin to Destination: Trends and Mechanisms in Social Stratification Research*. New York: Campus, 2007: 102 – 124.

[18] Breen, R. & Luijkx, R., 2004. Social Mobility in Europe between 1970 and 2000. Breen R. (Eds.), *Social Mobility in Europe*. Oxford: Oxford University Press, 37 – 75.

[19] Breen, R., 2010. Educational Expansion and Social Mobility in the 20th Century. *Social Forces*, 89 (2): 365 – 388.

[20] Breen, R., & Goldthorpe, J. H., 1997. Explaining Educational Differentials: Towards a Formal Rational Action Theory. *Rationality and Society*, 9 (3): 275 – 305.

[21] Breen, R., & Goldthorpe, J. H., 2001. Class, Mobility and Merit the Experience of two British Birth Cohorts. *European Sociological Review*, 17 (2): 81 – 101.

[22] Breen, R., & Jonsson, J., 2005. Inequality of Opportunity in Comparative Perspective: Recent Research on Educational Attainment and Social Mobility. *Annual Review of Sociology*, 31, 223 – 243.

[23] Breen, R., & Jonsson, J. O., 2007. Explaining Change in Social Fluidity: Educational Equalization and Educational Expansion in Twentieth Century Sweden. *American Journal of Sociology*, 112 (6): 1775 – 1810.

[24] Breen, R., Luijkx, R., Müller, W., & Pollak, R., 2009. Nonpersistent Inequality in Educational Attainment: Evidence from Eight European Countries1. *American Journal of Sociology*, 114 (5): 1475 – 1521.

[25] Bukodi, E., & Goldthorpe, J., 2011. Social Class Returns to Higher Education: Chances of Access to the Professional and Managerial Salariat for men in Three British Birth Cohorts. *Longitudinal and Life Course Studies*, 2 (2): 185 – 201.

[26] Chesters, J., & Watson, L., 2013. Understanding the Persistence of Inequality in Higher Education: Evidence from Australia. *Journal of Education Policy*, 28 (2): 198 – 215.

[27] Clogg Clifford C. , Eva Petkova and Adamantios Haritou, 1995. Statistical Methods for Comparing Regression Coefficients Between Models. *American Journal of Sociology*, 100 (5): 1261 – 1293.

[28] Corak, M. , 2006. Do Poor Children Become Poor Adults? Lessons for Public Policy from a Cross Country Comparison of Generational Earnings Mobility. *Research on Economic Inequality*, 13: 143 – 188.

[29] Crawford, C. , Johnson, P. , Machin, S. , & Vignoles, A. , 2011. Social Mobility: A Literature Review. Department for Business, Innovation and Skills.

[30] Davies, S. , & Guppy, N. , 1997. Fields of Study, College Selectivity, and Student Inequalities in Higher Education. *Social Forces*, 75 (4): 1417 – 1438.

[31] De Graaf, P. & M. Kalmjin, 2001. Trends in the Intergenerational Transmission of Cultural and Economic Status. *Acta Sociologica*, 44: 51 – 66.

[32] Dessens, J. A. G. , & Jansen W. , Ganzeboom H. B. G. , & Van der Heijden P. G. M. , 2003. Patterns and Trends in Occupational Attainment of First Jobs in the Netherlands: 1930 – 1995. *Journal of the Royal Statistical Society*, 166 (1): 63 – 84.

[33] Duru-Bellat, M. , Kieffer, A. , & Reimer, D. , 2008. Patterns of Social Inequalities in Access to Higher Education in France and Germany. *International Journal of Comparative Sociology*, 49 (4 – 5): 347 – 368.

[34] Erikson, R. , & Goldthorpe, J. H. , 1987. Commonality and Variation in Social Fluidity in Industrial Nations. Part I. Amodel for evaluating the FJH hypothesis. *European Sociological Review*, 3 (1): 54 – 77.

[35] Erikson, R. , & Goldthorpe, J. H. , 1987. Commonality and Variation in Social Fluidity in Industrial Nations. Part II. The Model of Core Social Fluidity Applied. *European Sociological Review*, 3 (2): 145 – 166.

[36] Erikson, R. , & Goldthorpe, J. H. , 1992. The Casmin Project and the American Dream. *European Sociological Review*, 8 (3): 283 – 305.

[37] Erikson, R. , & Goldthorpe, J. H. , 1992. *The Constant Flux: A Study*

of Class Mobility in Industrial Societies. Oxford：Clarendon Press.

[38] Erikson, R., & Goldthorpe, J. H., 2002. Intergenerational Inequality：A Sociological Perspective. *Journal of Economic Perspectives*, 16（3）：31 - 44.

[39] Erikson, R., & Jonsson, J. O., 1998. Social Origin as an Interest-bearing Asset：Family Background and Labour-market Rewards among Employees in Sweden. *Acta Sociologica*, 41（1）：19 - 36.

[40] Erikson, R., Goldthorpe, J. H., & Portocarero, L., 1979. Intergenerational Class Mobility in Three Western European Societies：England, France and Sweden. *The British Journal of Sociology*, 4：415 - 441.

[41] Featherman, D. L., Jones, F. L., & Hauser, R. M., 1975. Assumptions of Social Mobility Research in the US：The Case of Occupational Status. *Social Science Research*, 4（4）：329 - 360.

[42] Gangl, M., 2003. Explaining Change in Early Career Outcomes：Labour Market Conditions, Educational Expansion, and Youth Cohort Sizes. Müller, W., & Gangl, M.（Eds.）. *Transitions from Education to Work in Europe. The integration of Youth into Europe Labour Markets.* Oxford：Oxford University Press, 251 - 276.

[43] Ganzeboom, H. B. G., Graaf, P. M. D., & Treiman, D. J., 1992. A Standard International Socio-economic Index of Occupational Status. *Social Science Research*, 21（1）：1 - 56.

[44] Ganzeboom, H. B. G., Treiman, D. J., & Ultee, W. C., 1991. Comparative Intergenerational Stratification Research：Three Generations and Beyond. *Annual Review of Sociology*, 17：277 - 302.

[45] Ganzeboom, H. B., & Luijkx, R., 2004. Recent Trends in Intergenerational Occupational Class Reproduction in the Netherlands：1970 - 1999. Breen R. *Social Mobility in Europe*, Oxford：Oxford University：345 - 381.

[46] Ganzeboom, H., & Treiman D. J., 2007. Ascription and Achievement in Comparative Perspective. Russell-Sage University Working Group on Social Inequality, University of California-Los Angeles.

[47] Gerber, T. P., & Hout, M., 1995. Educational Stratification in Russia

during the Soviet Period. *American Journal of Sociology*, 101 (3): 611 – 660.

[48] Gerber, T. P. , & Schaefer D. R. , 2004. Horizontal Stratification of Higher Education in Russia: Trends, Gender Differences, and Labor Market Outcomes. *Sociology of Education*, 77: 32 – 59.

[49] Goldthorpe J. , & Mills C. , 2004. Trends in Intergenerational Class Mobility in Britain in the Late Twentieth Century. Breen R. (Eds.) . *Social Mobility in Europe*. Oxford: Oxford University Press, 2004.

[50] Goldthorpe, J. H. , 2000. *On Sociology: Numbers, Narratives and the Integration of Research Theory*. Oxford: Oxford University Press.

[51] Goldthorpe, J. H. , 2014. The Role of Education in Intergenerational Social Mobility: Problems from Empirical Research in Sociology and some Theoretical Pointers from Economics. *Rationality and Society*, 26 (3): 265 – 289.

[52] Goldthorpe, J. H. , 2005. Progress in Sociology: The Case of Social Mobility Research. Stefan Svallfors (Eds.) . *Analyzing Inequality: Life Chances and Social Mobility in Comparative Perspective*. Palo Alto, CA: Stanford University Press.

[53] Goldthorpe, J. H. , & Breen, R. , 2007. Explaining Education Differentials: Towards a Formal Rational Action Theory. Goldthorpe, J. H. (Eds.) . *On Sociology* (2nd edition) . Stanford: Stanford University Press, 45 – 72.

[54] Goldthorpe, J. H. , & Jackson M. , 2007. Intergenerational Class Mobility in Contemporary Britain: Political Concerns and Empirical Findings. *The British Journal of Sociology*, 58 (4): 525 – 546.

[55] Goyette, K. A. , & Mullen, A. L. , 2006. Who Studies the Arts and Sciences? Social Background and the Choice and Consequences of Undergraduate Field of Study. *Journal of Higher Education*, 77 (3): 497 – 538.

[56] Granovetter, M. , 1973. The Strength of Weak Ties, *American Journal of Sociology*, 78 (6): 1360 – 1380.

[57] Grusky, D. B. , Kanbur, S. M. R. , & Sen, A. K. (Eds.),

2006. *Poverty and Inequality.* Stanford: Stanford University Press.

[58] Hansen, M. N. , 2001. Education and Economic Rewards. Variations by Social-class Origin and Income Measures. *European Sociological Review* , 17 (3): 209 – 231.

[59] Hansen, M. N. , & Mastekaasa, A. , 2006. Social Origins and Academic Performance at University. *European Sociological Review* , 22 (3): 277 – 291.

[60] Hansen, M. N. , 1996. Earnings in Elite Groups: The Impact of Social Class Origin. *Acta Sociologica* , 39: 385 – 408.

[61] Hauser, R. M. , Warren, J. R. , Huang, M. H. , & Carter, W. Y. , 2000. Occupational Status, Education, and Social Mobility in the Meritocracy. Meritocracy and Economic Inequality, CDE Working Paper No. 96 – 18.

[62] Holm, A. , & Jaeger, M. M. , 2008. Does Relative Risk Aversion Explain Educational Inequality? A Dynamic Choice Approach. *Research in Social Stratification and Mobility* , 26: 199 – 219.

[63] Hout, M. , 1988. More Universalism and Less Structural Mobility: The American Occupational Structure in the 1980s. *American Journal of Sociology* , 93 (6): 1358 – 1400.

[64] Hout, M. , 2004. How Inequality Might Affect Intergenerational Mobility. Neckerman, K. (Eds.) . *Social Inequality.* NewYork: Russell Sage Foundation, 969 – 987.

[65] Hout, M. , & Diprete, T. A. , 2006. What We have Learned: RC28's Contributions to Knowledge about Social Stratification. *Research in Social Stratification and Mobility* , 24 (1): 1 – 20.

[66] Iannelli, C. , 2011. Educational Expansion and Social Mobility: The Scottish Case. *Social Policy and Society* , 10 (2): 251 – 264.

[67] Iannelli, C. , & Paterson, L. , 2005. Does Education Promote Social Mobility? Centre for Educational Sociology.

[68] Iannelli, C. , & Smyth E. , 2008. Mapping Gender and Social Background Differences in Education and Youth Transitions across Europe. *Journal of Youth Studies* , 11 (2): 213 – 232.

[69] ILO. , 1990. International Standard Classification of Occupations: ISCO – 88. Geneva: International Labour Office.

[70] Jackson, M. , Goldthorpe, J. H. , & Mills, C. , 2005. Education, Employers and Class Mobility. *Research in Social Stratification and Mobility*, 23: 3 – 33.

[71] Jackson, M. , Luijkx, R. , Pollak, R. , Vallet, L. , & Werfhorst, H. G. V. D. , 2008. Educational Fields of Study and the Intergenerational Mobility Process in Comparative Perspective. *International Journal of Comparative Sociology*, 49 (4 – 5): 369 – 388.

[72] Jerrim, J. , 2012. The Socio-economic Gradient in Teenagers' Reading Skills: How does England Compare with Other Countries? *Fiscal Studies*, 33 (2): 159 – 184.

[73] Jonsson J. O. , Mills C. , & Mueller W. , 1996. A Half Century of Increasing Educational Openness? Social Class, Gender and Educational Attainment in Sweden, Germany and Britain. Erikson, R. & Jonsson, J. (Eds.) . *Can Education be Equalized? The Swedish Case in Comparative Perspective.* Boulder, Colorado: Westview Press.

[74] Jonsson, J. O. , 1996. Stratification in Post-Industrial Society. Are Educational Qualifications of Growing Importance? Erikson, R. & Jonsson, J. (Eds.) . *Can Education be Equalized? The Swedish Case in Comparative Perspective.* Boulder, Colorado: Westview Press: 113 – 144.

[75] Klein, M. , 2011. Trends in the Association between Educational Attainment and Class Destinations in West Germany: Looking Inside the Service class. *Research in Social Stratification and Mobility*, 29 (4): 427 – 444.

[76] Lamar, D. A. , 2003. When Meritocracy Prevails in Higher Education: An Empirical Study of American Black Social Mobility, dotctor dissertation. Boston: Northeastern University.

[77] Lin, N. , & Bian, Y. , 1991. Getting Ahead in Urban China. *American Journal of Sociology*, 97 (3): 657 – 688.

[78] Lindley, J. , & Machin, S. , 2012. The Quest for More and More Education: Implications for Social Mobility. *Fiscal Studies*, 33 (2):

265 – 286.

[79] Lipset, S. M. , & Bendix, R. , 1959. *Social Mobility in Industrial Society*. University of California Press: Berkeley.

[80] Lucas, S. R. , 2001. Effectively Maintained Inequality: Education Transitions, Track Mobility, and Social Background Effects. *American Journal of Sociology*, 106 (6): 1642 – 1690.

[81] Mare, R. D. , 1980. Social Background and School Continuation Decisions. *Journal of the American Statistical Association*, 75 (370): 295 – 305.

[82] Mare, R. D. , 1981. Change and Stability in Educational Stratification. *American Sociological Review*, 46 (1): 72 – 87.

[83] Mare, R. D. , 1993. Educational Stratification on Observed and Unobserved Components of Family Background. Shavit Y. , & Blossfeld H. P. (Eds.) . *Persistent Inequality: Changing Educational Attainment in Thirteen Countries*. Boulder, CO: Westview Press: 351 – 376.

[84] Mare, R. D. , & Maralani, V. , 2006. The Intergenerational Effects of Changes in Women's Educational Attainments. *American Sociological Review*, 71 (4): 542 – 564.

[85] Mastekaasa, A. , 2011. Social Origins and Labour Market Success—stability and Change over Norwegian Birth Cohorts 1950 – 1969. *European Sociological Review*, 27 (1): 1 – 15.

[86] Mullen, A. L. , Goyette K. A. & Soares, J. A. , 2003. Who Goes to Graduate School? Social and Academic Correlates of Educational Continuation after College. *Sociology of Education*, 76 (2): 143 – 169.

[87] Müller, W. , & Pollak, R. , 2004. Social Mobility in West Germany: The Long Arms of History Discovered? Breen R. *Social Mobility in Europe*, 2004: 77 – 115.

[88] Müller, W. , Steinmann, S. , & Ell, R. , 1998. Education and Labour Market Entry in Germany. Shavit Y. & Müller W. (Eds.), *From School to Work. A Comparative Study of Educational Qualifications and Occupational Destinations*. Oxford: Clarendon, 143 – 188.

[89] NCES, 2012. *Improving the Measurement of Socioeconomic Status for the*

National Assessment of Educational Progress: *A Theoretical Foundation*. Washington, DC: National Center for Education Statistics.

[90] OECD, 2014. Education at a Glance 2014: OECD Indicators. OECD Publishing.

[91] Ortiz, L., & Wolbers, M. H., 2013. The Role of Educational Expansion in the Early Occupational Attainment Process: Empirical Evidence from a Cross-national Perspective. Working paper.

[92] Paterson, L., & Iannelli, C., 2007. Social Class and Educational Attainment: A Comparative Study of England, Wales, and Scotland. *Sociology of Education*, 80 (4): 330 – 358.

[93] Pfeffer F. T., & Hertel F. R., 2015. How has Educational Expansion Shaped Social Mobility Trends in the United States? *Social Forces*, 94 (1): 143 – 180.

[94] Piore, M. J., 1970. The Dual Labor Market: Theory and Implications. Beer S., & Barringer R. E. (Eds.) . *The States and the Poor*. Cambridge, Mass: Winthrop Publication.

[95] Piraino, P., & Haveman, R., 2006. Generational Income Mobility. *Review of Income and Wealth*, 52 (3): 477 – 486.

[96] Raftery, A. E., & Hout, M., 1993. Maximally Maintained Inequality: Expansion, Reform, and Opportunity in Irish Education, 1921 – 75. *Sociology of Education*, 66 (1): 41 – 62.

[97] Rauscher E., 2012. Social Returns to Education: Exploiting U. S. Compulsory Schooling Laws 1850 – 1930, Dotctor Dissertation. New York: New York University.

[98] Robinson, R. & J. Kelley, 1979. Class as Conceived by Marx and Dahrendorf: Effects on Income Inequality and Politics in the United States and Great Britain. *American Sociological Review*, 44 (1): 35 – 38.

[99] Ryder, N. B., 1965. The Cohort as a Concept in the Study of Social Change. *American Sociological Review*, 30: 843 – 861.

[100] Sewell, W. H., Haller, A. O., & Portes, A., 1969. The Educational and Early Occupational Attainment Process. *American Sociological Review*, 34 (1): 82 – 92.

［101］ Shavit, Y. & Müller W. , 2000. Vocational Secondary Education. Where Diversion and where Safety Net? *European Societies*, 2 （1）: 29 – 50.

［102］ Shavit, Y. , & Blossfeld, H. P. , 1993. *Persistent Inequality: Changing Educational Attainment in Thirteen Countries*. Boulder, CO: Westview Press.

［103］ Shavit, Y. , & Westerbeek, K. , 1998. Reforms, Expansion, and E-quality of Opportunity. *European Sociological Review*, 14 （1）: 33 – 47.

［104］ Spence, M. A. , 1973. Job Market Signalling. *Quarterly Journal of Economics*, 87: 355 – 374.

［105］ Sturgis, P. , & Buscha, F. , 2015. Increasing Inter-generational Social Mobility: Is Educational Expansion the Answer? *British Journal of Sociology*, 66 （3）: 512 – 533.

［106］ Thurow, L. C. , 1975. *Generating Inequality: Mechanisms of Distribution in the U. S. Economy*. New York: Basic Books.

［107］ Tolsma, J. , & Wolbers, M. H. , 2014. Social Origin and Occupational Success at Labour Market Entry in the Netherlands: 1931 – 1980. *Acta Sociologica*, 57 （3）: 253 – 269.

［108］ Torche, F. , 2011. Is a College Degree Still the Great Equalizer? Inter-generational Mobility Across Schooling in the United States. *American Journal of Sociology*, 117 （3）: 763 – 807.

［109］ Torche, F. , & Ribeiro C. C. , 2010. Pathways of Change in Social Mobility: Industrialization, Education and Growing Fluidity in Brazil. *Research in Social Stratification and Mobility*, 28 （3）: 291 – 307.

［110］ Treiman, D. J. & Ganzeboom, H. B. G. , 2000. The Fourth Generation Comparative Stratification Research. Quah S. R. & Sales A （Eds. ） . 2000. *The International Handbook of Sociology*. London: Sage.

［111］ Treiman, D. J. & Yip, K. B. , 1989. Educational and Occupational Attainment in 21 Countries. Kohn, M. L. （Eds. ） . *Cross-National Research in Sociology*. Newbury Park, Calif: Sage Publications.

［112］ Treiman, D. J. , 1970. Industrialization and Social Stratification. *Socio-

logical Inquiry, 40 (2): 207 – 234.

[113] Trow, M., 1973. *Problems in the Transition for Elite to Mass Higher Education*. Berkeley, CA: Carnegie Commission on Higher Education.

[114] Vallet, L. A., 2004. Change in Intergenerational Class Mobility in France from the 1970s to the 1990s and Its Explanation: An Analysis Following the CASMIN Approach. Cahiers du LASMAS, 1, 2.

[115] Van de Werfhorst, H. G., 2002. A Detailed Examination of the Role of Education in Intergenerational Social-class Mobility. *Social Science Information*, 41 (3): 407 – 438.

[116] Van de Werfhorst, H. G., 2007. Scarcity and Abundance: Reconciling Trends in the Effects of Education on Social Class and Earnings in Great Britain: 1972 – 2003. *European Sociological Review*, 23 (2): 239 – 261.

[117] Van de Werfhorst, H. G., Sullivan, A., & Cheung, S. Y., 2003. Social Class, Ability and Choice of Subject in Secondary and Tertiary Education in Britain. *British Educational Research Journal*, 29 (1): 41 – 62.

[118] Walker I., Zhu Y., 2008. The College Wage Premium and the Expansion of Higher Education in the UK. *Studies in Economics*, 110 (4): 695 – 709.

[119] Warren, J. R., Sheridan, J. T., & Hauser, R. M., 2002. Occupational Stratification Across the Life Course: Evidence from the Wisconsin Longitudinal Study. *American Sociological Review*, 67 (3): 432 – 455.

[120] Whelan, C. T., & Layte, R., 2002. Late Industrialization and the Increased Merit Selection Hypothesis. Ireland as a Test Case. *European Sociological Review*, 18 (1): 35 – 50.

[121] Wilson, W. J., 1987. *The Truly Disadvantaged: The Inner City, the Underclass, and Public Policy*. Chicago: The University of Chicago Press.

[122] Wolniak, G. C., Seifert, T. A., Reed, E. J., & Pascarella, E. T., 2008. College Majors and Social Mobility. *Research in Social Stratifica-*

tion and Mobility, 26 (2): 123 – 139.

[123] Wu, X. , 2002. Work Units and Income Inequality: The Effect of Market Transition in Urban China. *Social Forces*, 80 (3): 1069 – 1099.

[124] Wu, X. , & Treiman, D. J. , 2004. The Household Registration System and Social Stratification in China: 1955 – 1996. *Demography*, 41 (2): 363 – 384.

[125] Xie, Y. , 1992. The Log-multiplicative Layer Effect Model for Comparing Mobility Tables. *American Sociological Review*, 57 (3): 380 – 395.

[126] Xie, Y. , & Wu, X. , 2008. Danwei Profitability and Earnings Inequality in Urban China. *The China Quarterly*, 195: 558 – 581.

[127] Yeung, W. J. J. , 2013. Higher Education Expansion and Social Stratification in China. *Chinese Sociological Review*, 45 (4): 54 – 80.

[128] Zella, S. , 2010. Changes in the Role of Educational Qualifications on Entry into the Labour Market: Evidence from the Italian Case. *Italian Journal of Sociology of Education*, 2 (2): 81 – 106.

[129] Zhong, H. , 2013. Does Education Expansion Increase Intergenerational Mobility? *Economica*, 80 (320): 760 – 773.

[130] Zimmerman, D. , 1992. Regression Toward Mediocrity in Economic Stature. *American Economic Review*, 82: 409 – 429.

索　引

后　记

博士毕业已近两年，令人欣慰的是，在这期间，博士学位论文获得了一些嘉奖。这本专著依托博士学位论文，虽然做了稍许修订，但变化不大。后记主体依然保留了原论文的致谢部分。原因很简单，北京大学学位论文因未知原因无法在网络上获取，借此书出版正好可以公开向为我提供帮助的老师、亲人和朋友道一声他（她）们应得的感谢。

回首博士四年，有历练，也有成长。既曾经历过论文写作的迷茫，也曾体验到学术研究的乐趣和随之而来的满足感。现在回头想想，过往的付出未尝不是一种恰到好处的安排。当然，论文的顺利完成也离不开诸多老师、亲人和朋友的帮助。

首先要感谢我的导师岳昌君教授。岳老师对我的指导与帮助是全方位的。在博士论文指导上，他所展现出的严谨治学的态度以及提纲挈领、升华主题的能力令我深深折服。印象深刻的是，在论文写作关键阶段，他总能把研究问题的理论逻辑用数理关系简单明了地描绘出来，让我有一种醍醐灌顶的感觉。除了学术指导外，岳老师对我的求职和生活也提供了莫大的帮助，在找工作时他总是竭尽全力帮我推荐，也经常在课题劳务费发放时给予我照顾，使得我博士期间基本没有担忧经济方面的问题。岳老师是一个把学术与生活权衡得很好的人，这是我将来要努力的方向。还要感谢汤宁师母对我的关心与帮助，每次见面，她都很关切地询问我的学业和求职进展，让我心里倍感温暖。

感谢学院的丁小浩教授、陈晓宇教授、丁延庆副教授和蒋承副教授。四位老师参加了我的综合考试、开题、预答辩和正式答辩的部分甚至全部环节。其中，小浩老师的学术威望令我仰止，她告诉我们"一篇好的学术研究就是讲好一个故事"，希望我的博士论文能够在这个目标上企及一二。晓宇老师对学术问题与现实背景结合的把握以及其字斟句酌式的严谨态度都使我深受启发。老丁老师很好地诠释了"亦师亦友"这个词汇，可谓熟稔师生之道。还要感谢陈向明教授、文东茅教授、阎凤桥教授、郭建如教授、鲍威教授、朱红教授、刘明兴教授、蒋凯教授和哈魏副教授等。阎老师和郭老师的组织理论课程、向明老师的质性研究方法课程都曾让我"云里雾里"，更增加了我对三位理论专家的仰慕。鲍老师和刘老师的课程在不同程度上拓宽了我的理论视野。其他老师都是在参与研究课题中有过多次接触，我从他们身上也学到很多。另外，还要感谢文老师在我工作找寻过程中提供的切实帮助。

感谢徐未欣老师、侯华伟老师、马世妹老师、邢颖老师和孙永臻老师等，他们是我心目中高校行政工作人员的典范，尤其是徐老师和侯老师，无论是在工作多么繁忙的情况下，对我的不断叨扰都依然保持热心、热情，并尽快帮助我解决困难。

感谢我的硕士导师杜屏教授。杜老师是我学术研究的引路人，正是在她指导下的三年历练打下了我学术研究的最初基础。感谢北京科技大学的曲绍卫教授和教育部教育发展研究中心的马陆亭研究员，两位老师在正式答辩过程中提出的修改意见对我论文的修改与完善助益很大。感谢青岛大学的孙百才教授，很是怀念在孙老师带领下，师门共同完成就业白皮书课题的日子。

感谢同门的师弟师妹，他们是陈昭志、张恺、周丽萍、黄思颖、罗乐、程航远、刘雨轩、盛玉雷、何昱颉以及已经毕业的程飞师姐。每两周一次的岳门组会使得我们有了更多相互交流的时间和机会。其实，我是组会的直接受益者，曾在组会上多次汇报自己的博士论文，正是与同门师弟师妹的多次讨论帮助我不断理清论文的逻辑思路。同门之情，弥足珍贵，我不会忘记你们的每一次帮助。我也很期待更富研究潜力的昭志、张恺和丽萍的学术大作。

感谢我的同级或同届"战友"。于洁博士作为山东老乡，具有很多山东女生的优良品质。胡姝博士伶牙俐齿、性格开朗，有她在的地方总是笑声不断。在春节前后，我与燕蕾、海迪师姐都在办公室写论文，得以有更多机会交流，燕蕾师姐的简单与友善、海迪师姐的学术霸气让我有种相见恨晚的感觉。文娟师姐与我也是硕士同门，很感谢她在我博士入学时提供的许多帮助。与管蕾博士、韩亚菲博士、王世岳博士、于洋博士、毛丹博士和杨素红博士的贝加尔湖毕业旅行想必将来会成为一段美好的回忆。还要感谢申超博士、周晨琛博士、王征博士和江涛博士等。

感谢我的师弟师妹翁秋怡、游蠡、陈昱岿、朱菲菲和杨晋。秋怡逻辑思维能力很强，我曾多次与她讨论学术论文，还差点因她改变论文题目。游老师理论功底深厚，正是他陪我压了两三个小时的五四球场，打消了我对论文理论分析部分的些许疑虑。昱岿无形中拉长了我的学习与写作时间，论文集中写作这一年来，有太多夜晚我们都是最后回宿舍的。朱菲和杨晋都曾做过我的答辩秘书，很感谢他们的辛苦付出。还有301室的其他兄弟姐妹们，包括汪滢、张优良、李剑锋、董江华、李璐、张宸辉、刘钊、张立平、赖和平、缪静敏和崔情情等，正是这个温暖、互助的大家庭给我提供了一个轻松愉悦的学习环境。另外，不得不提的是，与世岳、剑锋和董姐等人一起打球是我博士论文写作过程中最有效的减压方式。

感谢国家留学基金管理委员会。正是在留基委的资助下，我得以在2013—2014年度赴美国加州大学圣芭芭拉分校访问交流一年。在这期间，我搜集并阅读了大量的英文文献，并对论文数据做了基本处理。虽然很多数据分析结果在最终论文中并未使用，但正是这段时间的数据预处理使得我回国后有充足的时间转移到论文逻辑思路的廓清上。感谢我的外方导师，同时也是美国教育研究协会2013年主席候选人Russell W. Rumberger教授。在一年的交流中，我能够深深体会到他严谨治学的态度，并且他的多水平模型课程对于我的论文写作提供了直接帮助。感谢在留学期间结识的王勉教授及其爱人小红姐、Raymond Wong教授。幸运的是我曾有机会在北京接待王勉老师及其家人，以答谢在外期间他们对我的照顾。Wong教授也是UCSB社会学系一位著名的华人教授，虽已退休，但他还是很热情地抽出时间与我讨论论文中的一些问题。还要感谢在那段时间认识的一些新朋友，有北京师范大学的廖恺博士和冯雅静博士、南京理工大学的肖辉、东南大学的徐宇宙和同济大学的苏益明夫妇等。

　　感谢北京大学社会学系的刘世定教授和中国社会科学院的高勇副研究员。我从刘老师那里拿到高老师的联系方式，往来数封邮件，向他请教了论文中的一些研究方法问题。虽未蒙面，但仍十分感谢两位老师的热情帮助。当然，还有其他一些我通过邮件叨扰的老师们，比如中央财经大学的钟海副教授，在此一并致谢。

　　感谢我的朋友陈瑜、曹杰、边增芝和杨莹莹夫妇、景安磊博士和王羽佳夫妇、张志新博士和刘静夫妇、何岩博士、伍宸博士、姚松博士和张会杰博士等。瑜是我的费县老乡，我一直把他视作老大哥，他帮我渡过了许多难关，包括垫付我去美国参加学术会议的往返费用。曹杰是我出国留学的担保人，衷心祝愿她在香港中文大学攻读博士学位能够一切顺利。边、老景和小新每次喝酒都用心劝我留在北京，如他们所愿，我们这几对依旧可以一起在帝都继续打拼。感谢信息科学与技术学院的朱智源和郑少秋博士。宿舍能够被分配到一帮理工生聚居的楼层是一种幸运，因为这让我多结识了几个朋友。朱院士是我的室友，同室四年很高兴毕业之际听到他交到女朋友的喜讯。秋秋虽然年龄小我四岁，却有着超越同龄人的成熟，感谢他信任并与我分享很多自己不愿公开的信息。还要感谢一些志同道合的小伙伴，包括彬超哥、思言、周元颖、李卓、贾萌和卓子涵等，很高兴在毕业之年结识他们。

　　博士论文完成之际，也是自己22年的求学生涯结束之时。回首过往，最大的感恩应归于我父母。他们都是地地道道的农民。父亲高中学历，一直坚信读书就能改变命运，母亲基本没有接受过正规教育，但就是凭借她那双粗糙的、满是伤痕的手把我一步一步地送到小学、中学和大学。有时想起他们起早贪黑、挥汗如雨的日子，我都会眼眶湿润。父母时常教导我们做人要心眼好、做事要用功，这些看似朴素的道理却是我受用一生的财富。唯愿我的这一点成就能够成为他们心目中的骄傲。还要感谢我的弟弟和弟媳，他们结婚早帮我分担了很多压力，衷心祝愿他们早得贵子！

　　最后，感谢我的爱人常青和岳父岳母。在即将毕业之际，我们决定结束十年的恋爱长跑，迈入婚姻的殿堂。十年来，我们经历了多年的异地，甚至异国，从相识相知到相恋相守，我时常为自己如此幸运地找到心仪之人而对上帝感恩戴德。当然，这一切也离不开岳父岳母的支持，他们都是通情达理之人。只要你要，只要我有，希望这个最初的简单誓言能够继续成就我们未来的幸福生活。

行文至此，可能仍有许多值得感恩的人，恕不一一具名。不过你们对我的好我会常记心中，希望将来能够有回报大家的机会。博士只是一个阶段，研究也远未结束，仅以此自勉，再接再厉，继续前行。

还要感谢中国社会科学出版社的编辑王衡老师，她的耐心、细致和认真令人印象深刻，也正因如此，著作得以更好地与诸位见面。

本书的出版得到了国家教育行政学院学术文库出版基金的资助，特此致谢！作为一个之前毫无工作经验的新手，之所以能够在博士毕业后顺利融入学院这个大家庭，离不开学院和部门领导对我的指导、关心和帮助。这其中，尤其要感谢我所经历的两位部门领导——丛春侠教授和刘亚荣教授，对我专业成长提供的莫大指导与帮助。当然，还要感谢我的诸位同事，能够与出类拔萃的他（她）们一起工作无疑是一种幸运。

2017 年 5 月 20 日